Eberhard Meller / Obligation de Sécurité

AF141293

Schriften zum Bürgerlichen Recht

Band 15

Obligation de Sécurité

Verbesserung des Schutzes des geschädigten Vertragspartners
und Beispiel der Fortentwicklung des französischen Vertragsrechts
durch die Rechtsprechung

Von

Dr. Eberhard Meller

DUNCKER & HUMBLOT / BERLIN

Vorwort

Die vorliegende Arbeit wurde im Sommersemester 1973 von der juristischen Fakultät der Universität Heidelberg als Dissertation angenommen.

Für die verständnisvolle Betreuung der Arbeit bin ich meinem verehrten Lehrer, Herrn Professor Dr. Weitnauer dankbar. Mein Dank gilt ferner der Juristischen Fakultät in Lyon/Frankreich, wo ich mit Hilfe eines DAAD-Stipendiums die Grundlagen der Arbeit legen konnte.

Herrn Ministerialrat a. D. Dr. Broermann danke ich für die freundliche Aufnahme der Arbeit in sein Verlagsprogramm.

Eberhard Meller

Inhaltsverzeichnis

Zweiter Teil

Abkürzungsverzeichnis

a. A.	anderer Ansicht
Abs.	Absatz
Actes	Actes et documents de la conférence diplomatique sur l'unification du droit en matière de la vente internationale, Le Haye 2. - 25. 4. 1964
AcP	Archiv für zivilistische Praxis
Anm.	Anmerkung
Art.	Artikel
art.	article
AtomG	Atomgesetz
Aufl.	Auflage
Bd.	Band
BGB	Bürgerliches Gesetzbuch
BGH	Entscheidungen des Bundesgerichtshofs in Zivilsachen (bzw. nur Bundesgerichtshof)
Bull. civ. (Bull. cass.)	Bulletin civil de la Cour de Cassation
bzw.	beziehungsweise
bzgl.	bezüglich
CC	Code Civil
CCom	Code Commerce
C inst. crim.	Code d'instruction criminel
C Trav.	Code Travail
chron.	chronique
c. i. c.	culpa in contrahendo
civ.	civil
Civ. (1è - 2è)	arrêt de la Chambre civil de la Cour de Cassation (première - deuxième séction)
concl.	conclusions
contr.	contractuelle
D.	Recueil périodique et critique de jurisprudence de législation et de doctrine Dalloz
dél.	délictuelle
D.H.	Recueil hébdomadaire de jurisprudence Dalloz
Dig.	Digesten
D.P.	Recueil périodique Dalloz
Diss.	Dissertation

doctr.	doctrine
éd.	édition
EE	Eisenbahnrechtliche Entscheidungen, herausgegeben von Eger (1885 - 1935)
EKG	Einheitliches Gesetz über den internationalen Kauf beweglicher Sachen, Übersetzung Stand 1968
erg.	ergänzt
fasc.	fascicule
ff.	folgende
Fn.	Fußnote
franz.	französisch
Gaz. Pal.	Gazette du Palais
Gaz. Trib.	Gazette des Tribunaux
gén.	géneral, e
grds.	grundsätzlich
h. L.	herrschende Lehre
h. M.	herrschende Meinung
HRR	Höchstrichterliche Rechtsprechung
i. Ggs.	im Gegensatz
i. S.	im Sinne
J.C.P.	Juris Classeur Périodique
1è (2ème) éd. G.	premier (deuxième) édition géneral
JW	Juristische Wochenschrift
JZ	Juristenzeitung
KF	Karlsruher Forum, Beilage zum Versicherungsrecht
LM	Lindenmaier - Möhring, Nachschlagwerk des Bundesgerichtshofs
LZ	Leipziger Zeitung
LuftG	Luftverkehrsgesetz
MDR	Monatsschrift für Deutsches Recht
m. E.	meines Erachtens
m. w. N.	mit weiteren Nachweisen
NJW	Neue Juristische Wochenschrift
observ.	observations
OLG	Oberlandesgericht
o. moy.	obligation de moyens
o. rés.	obligation de résultat
o. séc.	obligation de sécurité
o. séc. moy.	obligation de sécurité moyens
o. séc. rés.	obligation de sécurité résultat
o. gar.	obligation de garantie
RabelsZ	Zeitschrift für ausländisches und internationales Privatrecht, begründet von Rabel
Rdnr.	Randnummer

Req.	arrêt de la Chambre de Requettes de Cour de Cassation
resp.	responsabilité
Rev. crit.	Revue critique de législation et de jurisprudence
Rev. int. dr. comp.	Revue internationale de Droit Comparé
Rev. tr.	Revue trimestrielle de Droit Civil
RG	Entscheidungen des Reichsgerichts in Zivilsachen (bzw. nur Reichsgericht)
S.	Recueil générale des lois et des arrêts Sirey
S.	Seite
Sem. Jur.	La Semaine Juridique
Seuff. Arch.	Seuffert's Archiv für Entscheidungen der oberen Gerichte
s.	suivant
s. o.	siehe oben
Soc.	arrêt de la Chambre Civile de la Cour de Cassation, séction sociale
sog.	sogenannt
s. u.	siehe unten
str.	streitig
StVG	Straßenverkehrsgesetz
Trib. civ.	Tribunal civil
Trib. paix	Tribunal de paix
Trib. Gr. Inst.	Tribunal de Grande Instance
u. a.	unter anderem
vgl.	vergleiche
VersR	Versicherungsrecht
VersW	Versicherungswirtschaft
Warn. Rspr.	Warneyers Rechtsprechung des Reichsgerichts auf dem Gebiet des Zivilrechts
Z. f. ges. HR	Zeitschrift für das gesamte Handelsrecht
z. T.	zum Teil

Einleitung

Der Grundsatz, daß der Vertrag allein Sache der beiden Vertragspartner ist, entspricht sowohl im franz. als auch im deutschen Recht nicht mehr der Wirklichkeit. Die klassische Auffassung vom Vertrag als reinem Ausdruck der Parteiautonomie, die in der individualistischen und liberalistischen Gesellschaft des 19. Jahrhunderts ihren Höhepunkt fand, tritt angesichts der neue privatrechtsgestaltende Formen fordernden Bedürfnisse der heutigen Gesellschaft immer mehr in den Hintergrund[1]. Gerade im Vertragsrecht wird der Widerspruch zwischen der statischen und traditionellen Begriffswelt der Dogmatik mit ihren zum Teil überholten juristischen Konzepten und der dynamischen Welt der wirtschaftlichen und sozialen Wirklichkeit mit ihren zum Teil radikalen Veränderungen am deutlichsten sichtbar[2]. Der Vertrag erfüllt heute eine soziale Funktion[3]. Die Gesellschaft wacht darüber und greift aktiv ein, um das Vertragskonzept den Forderungen der Gesellschaft gemäß zu verändern, zu korrigieren oder zu erweitern. Zunächst durch die Parteien ins Leben gerufen, d. h. subjektiv in der Entstehung, erfährt der Vertrag sodann den Einfluß von objektiven Faktoren, die aus dem sozialen Leben und der wirtschaftlichen Ordnung erwachsen. Diese soziale Funktion erklärt bis zu einem gewissen Punkt das ständige Wachsen der Rolle des Gesetzgebers als Vormund und den schützenden Eingriff des Richters.

Sie schafft vertragliche Verpflichtungen, die die Parteien weder vorhergesehen noch gewollt haben.

Neben den sozialen Bedingungen der Parteien und dem Wunsch, gewisse wirtschaftliche Funktionen (z. B. freier Handel und Kreditschutz) und den juristischen Vorstellungen entsprechende Grundwerte (z. B. Treu und Glauben, pacta sunt servanda) zu bewahren[4], ist es vor allen Dingen der Wille, den Schutz des menschlichen Lebens zu verstärken. Denn

---

[1] Vgl. *Savatier*, Les métamorphoses économiques et sociales du droit civil d'aujourd'hui.

[2] *L. Raiser*, Vertragsfreiheit heute, JZ 1958, 1 - 8.

[3] *F. Wieacker*, Das Sozialmodell der klassischen Privatrechtsgesetzbücher und die Entwicklung der modernen Gesellschaft, S. 18.

[4] Für die franz. Rechtslehre muß die Bildung neuen Rechts einem ethischen Ideal untergeordnet bleiben, das an einer gewissen Kontinuität der Rechtsentwicklung und am hergebrachten juristischen Denken festhält. Vgl. *Durand*, AcP 152, 11.

einer der bemerkenswertesten Wesenszüge des Rechts besteht im Schutz
des Schwachen und infolge davon in einer Tendenz, die subjektiven
Berechtigungen gesetzlich zu begrenzen. Dieses das ganze moderne Recht
beherrschende Phänomen zeigt sich sowohl in der Verbesserung der
Stellung des Schuldners gegenüber dem Gläubiger, in der Begrenzung
der Eigentumsrechte und dem Schutz, der bestimmten Vertragspartnern
gewährt wird.

Weitgehende Automatisation und Technisierung des wirtschaftlichen
und sozialen Lebens gestatten es nicht mehr, diese Beziehungen allein
der Willkür der oft sozial und wirtschaftlich ungleichen Partner zu
überlassen. Insbesondere auch im Hinblick auf das heute vom Einzelnen
nicht mehr allein steuerbare und somit zu verantwortende Verhalten
ist die sowohl im franz. als auch im deutschen Recht grundsätzlich auf
dem persönlichen Verschulden beruhende vertragliche Haftung („responsabilité contractuelle") im Interesse eines gerechten Schadensausgleichs
und Risikoverteilung objektiviert worden[5].

Unter den zahlreichen nach und nach von der franz. Rechtsprechung
aus diesem Grund „erfundenen" vertraglichen Nebenpflichten ist die
Sicherungspflicht (o. séc.) die bei weitem bedeutendste[6]. Sie löst bei
einer Reihe von Vertragstypen vertragliche Schadenersatzansprüche aus,
wenn der Vertragspartner bei der Erfüllung zu Schaden kommt[7]. Während diese Schutzpflicht im deutschen Recht von dem Institut der positiven Vertragsverletzung erfaßt wird und funktionell der deliktischen
Verkehrssicherungspflicht nahekommt, hat die franz. Rechtsprechung
von dem allgemeinen Prinzip der Nichterfüllung („inexécution") ausgehend im Laufe der Zeit unabhängig von dem Willen der Parteien
diese Pflicht als Nebenpflicht eingeführt. Diese Entwicklung ist bei
weitem noch nicht abgeschlossen. Vor allen Dingen ist ihre Einordnung
und Begriffsbestimmung trotz (oder gerade wegen) einer fast unüber-
sehbaren Rechtsprechung keineswegs gelöst.

Sie wirft im wesentlichen zwei Hauptprobleme auf: Einmal ob der
Vertrag die Grundlage dieser von den Prteien nicht vereinbarten Pflicht
ist. Hierbei stellt sich die Frage nach der Interpretation des Vertrages

---

[5] *Savatier*, Les métamorphoses (s. o.), Vers la socialisation de la responsabilité
et des risques.

[6] *Josserand*, L'essor moderne du concept contractuel, Récueil *Gény*, Bd. 2,
S. 340: "parmi les obligations nouvelles que notre jurisprudence distingue et
fait surgir de certains contrats dont elle développe ainsi le contenu et le rayon-
nement inter partes, *il convient d'assigner une place d'honneur à l'obligation
de sécurité.*"

[7] Im Vordergrund der Untersuchung der Arbeit steht die Personensicherungspflicht, da sie als Hauptgebiet der richterlichen Neuschöpfung die meisten
Schwierigkeiten und Probleme aufwirft, während die oft gesetzlich geregelte
Vermögenssicherungspflicht hierbei von geringerer praktischer Bedeutung ist
und im übrigen die gleichen Schwierigkeiten in sich birgt.

und dem Willen der Parteien, bzw. nach der „Vergewaltigung" („forçage") des Vertrages. Zum anderen ist die Natur und der genaue Inhalt dieser Pflicht zu bestimmen, Hat die vertragliche Sicherungspflicht eine auf einen Erfolg abzielende Verpflichtung (obligation de résultat) zum Inhalt, so ist der Schuldner verpflichtet, den versprochenen Erfolg zu leisten. Im Falle der Nichterfüllung kann sich der Schuldner nur durch den Nachweis der höheren Gewalt (force majeure) entlasten.

Zielt die Verpflichtung aber nur auf eine Tätigkeit ab (obligation de moyens), so muß der Verletzte, um die vertagliche Haftung hervorzurufen, mit der Nichterfüllung der Pflicht auch die faute i. S. eines Sorgfaltsmangels nachweisen. Die eigentliche Bedeutung der Einordnung liegt daher bei der unterschiedlichen Beweislast.

Der Vergleich der systematischen Grundlage dieser nicht nur dogmatisch, sondern auch unter dem Gesichtspunkt der Weiterentwicklung zu einem sozialeren Recht interessanten Sicherungspflicht mit ihrer Entsprechung im deutschen Recht — wobei der Schwerpunkt jedoch auf der Darstellung des franz. Rechts liegt — kann neben der Kenntnisnahme von einem wichtigen Teilaspekt eines benachbarten Rechts beim Aufbau und bei der Abgrenzung des heimischen Systems auch bei der Rechtsvereinheitlichung von Bedeutung sein[8].

Vor allen Dingen sollen die praktischen Lösungen, die die Rechtsprechung in beiden Ländern für ein aus einem bestimmten Sachverhalt erwachsenen Rechtsproblem gefunden haben, miteinander verglichen werden, um die Funktion und Bedeutung der Sicherungspflicht im franz. Recht herauszuarbeiten.

Dabei soll der Versuch gemacht werden, die rechtsvergleichende Untersuchung nicht nur auf die äußere Beschreibung der verschiedenen Strukturen zu beschränken, sondern auch die Gründe und Ursachen, seien sie juristischer oder wirtschaftlich-sozialer Natur, aufzuzeigen[9].

---

[8] *Sandrock*, Über Sinn und Methode zivilistischer Rechtsvergleichung, S. 57.
[9] *Zweigert*, Rechtsvergleichung, S. 257.

Einführung

§ 1. Der Begriff der obligation de sécurité

I. Geschichtliche Entwicklung

Während die Vermögenssicherungspflicht (obligation de sécurité quant aux biens) in dem seit 1804 geltenden Code Civil an mehreren Stellen erwähnt wird[1], schweigt er sich über die Personensicherungspflicht[2] (obligation de sécurité quant à la personne) aus.

Ausgehend von dem vorwiegend materialistischen Standpunkt des römischen Rechts[3] sah die damals herrschende Doktrin die Vertragsfreiheit durch den negativen Grundsatz beschränkt, daß die Person als solche aus dem juristischen Handel[4] herauszuhalten sei. Folgerichtig hatte auch der Schutz des Menschen im Vertragsrecht nichts zu suchen. Zudem bestand zu dieser Zeit noch keine Notwendigkeit, den Schutz der Person in das vertragliche Konzept einzubeziehen, da die deliktische Haftung gemäß Art. 1382 CC[5] ausreichte. Erlitt ein Vertragspartner im Rahmen des Vertrages einen Schaden, so hatte er danach neben der Kausalität zwischen dem schädigenden Ereignis und dem eingetretenen Schaden vor allen Dingen die faute[6] des Schädigers nachzuweisen.

Dieser Beweis bot im vorindustriellen Zeitalter keine größeren Schwierigkeiten. Das menschliche Zusammenleben war noch überschaubar und nicht durch die Technik kompliziert. Die Maschine war noch nicht in das vorwiegend handwerklich betriebene Arbeitsleben eingedrungen und die Fahrt mit der Postkutsche bot nicht die Gefahren des heutigen Verkehrs. Der Fortschritt der Technik im Laufe des 19. Jahrhunderts,

---

[1] Art. 1245 CC (generelle Sicherungspflicht bzgl. einer anvertrauten Sache), artt. 1947s., 1952s. CC (Verwahrung und notwendige Verwahrung, insbesondere bei Gastaufnahmeverträgen). Hierbei handelt es sich jedoch jeweils um vertragliche Hauptpflichten, deren Natur als Vertragspflicht unumstritten ist (*Mazeaud - Tunc*, Bd. 1, Nr. 162).

[2] Im folgenden ist unter dem Begriff obligation de sécurité nur die Personensicherungspflicht zu verstehen.

[3] *Aubry - Rau*, Bd. 1, S. 78, Nr. 47.

[4] Vgl. Art. 1126 CC; *Goldschmidt*, S. 131.

[5] "Tout fait quelconque de l'homme, qui cause à autrui un dommage, oblige celui par la faute duquel il est arrivé, à le réparer."

[6] Über diesen umstrittenen Begriff vgl. 1. Teil § 5 I.

die Automatisierung des Arbeitslebens, der wachsende Verkehr, zunächst auf der Schiene und dann auf der Straße, und die damit verbundenen Schwierigkeiten beim Nachweis der Schadensursache, vor allem Dingen aber des Verschuldens, ließen alsbald die Unzulänglichkeiten der deliktischen Haftung erkennen.

Während sich der Großteil der franz. Doktrin noch weitgehend auf die systematische Darstellung und gesetzestreue Kommentierung des CC beschränkte[7], wurde das Problem von einigen wenigen Autoren erkannt und behandelt. Am Beispiel des Arbeitsvertrages vollzogen Sauzet[8] und Sainctelette[9] als erste den Schritt zu dem dann später von der Rechtsprechung beim Transportvertrag eingeschlagenen Weg. Um den persönlichen Schutz des Arbeiters zu verstärken, übertrugen sie das Problem von der deliktischen auf die vertragliche Haftung: Durch den Arbeitsvertrag verpflichte sich der Arbeitgeber, für die Sicherheit des Arbeitnehmers einzustehen. Werde der Arbeiter verletzt, habe der Arbeitgeber seine Pflicht nicht erfüllt und hafte für den Schaden, wenn er nicht nachweise, daß dieser auf einem äußeren ihm nicht zurechenbaren Umstand beruhe[10]. Die Beweislast bezüglich der faute wurde somit umgekehrt. Obwohl dadurch der Schutz des Arbeiters wesentlich verstärkt wurde, setzte sich diese Ansicht damals noch nicht durch.

Einen anderen Weg mit dem gleichen Ziel gingen Saleilles[11] und Josserand[12]. Ersterer stützte seine These zunächst auf art. 1382 CC und behauptete, indem er sich großzügig über Gesetzeswortlaut und Vorgeschichte des CC hinwegsetzte, daß der in art. 1382 CC genannte Begriff faute nichts anderes sei als der „fait génerateur de dommages". Auf dieser Ausschaltung der herkömmlichen faute beruht auch die hauptsächlich von den obengenannten Autoren und Ripert[13] entwickelte „théorie des risques". Auf eine einfache Formel gebracht bedeutet sie, daß derjenige, der durch seine Aktivität ein Risiko im sozialen Leben geschaffen hat, auch die Schadensfolgen seiner Tätigkeit ohne Rücksicht

---

[7] *Durand*, AcP 152/1.

[8] De la responsabilité des patrons vis-à-vis des ouvriers dans les accidents du travail, Rev. crit. 1883, 596 f., 677 f.

[9] De la responsabilité et de la garantie, Brüssel 1884; La jurisprudence qui s'éloigne et la jurisprudence qui s'approche, Brüssel 1888.

[10] Art. 1147 CC: "Le débiteur est condamné, s'il y a lieu, au payement de dommages et intérêts, soit à raison du retard dans l'exécution, soit à raison de l'exécution de l'obligation, toutes les fois qu'il ne justifie pas que l'exécution provient *d'une cause étrangère qui ne peut lui être imputée*, encore qu'il n'y ait aucune maucaise foi de sa part."

[11] Les accidents du travail et la responsabilité civile, 1897.

[12] La responsabilité du fait des choses inanimées.

[13] De l'exercice du droit de propriété dans ses rapports avec les propriétés voisines, thèse Aix 1902.

auf ein Verschulden auf sich nehmen muß. Da sich diese Theorie zu sehr
von dem traditionellen, auf den heute noch in der franz. Rechtslehre
gültigen Moralvorstellungen beruhenden Begriff der faute als subjektives Element der Vorwerfbarkeit entfernte, setzte sie sich weder in der
Lehre noch in der Rechtsprechung durch[14].

Mehr Aussicht auf Erfolg bot die zur gleichen Zeit auch von Josserand
vertretene Interpretation von art. 1384 Abs. 1 CC[15]. Aus dem Satz, der
die Haftung für die durch leblose Sachen angerichtete Schäden betrifft[16],
leiteten sie unabhängig von den folgenden artt. 1385 und 1386 CC[17] den
Grundsatz her, daß der Halter (gardien) einer Sache unabhängig vom
persönlichen Verschulden für den von ihr angerichteten Schaden haftet.
Obwohl durch das Gesetz von 1898, welches für die Opfer von Arbeits-
unfällen Sonderregelungen vorsieht, dieser Grundsatz für den gedachten
Fall überflüssig geworden war, nahm die Rechtsprechung ihn auf[18]. Er
ist heute unumstritten und bildet im deliktischen Bereich das Gegen-
stück zur obligation de sécurité-résultat.

Zeitlich verzögert, aber mit der gleichen Intention ging die Entwicklung der Rechtsprechung zur vertraglichen Sicherungspflicht. Wie von
Sauzet und Sainctelette richtig gesehen, wird die Lage des Geschädigten
dadurch verbessert, daß man aus bestimmten Verträgen eine obligation
de sécurité ableitet und somit art. 1147 CC zur Grundlage der Haftung
macht.

Vereinfacht gesehen kann man den Werdegang der obligation de sécurité in 2 Phasen aufteilen[19].

---

[14] Der Widerstand ging damals besonders von der seinerzeit im franz. Zivilrecht dominierenden Autorität Planiols aus. "Jamais on ne démontrera
l'utilité ni l'équité de la responsabilité objective . . ., en supprimant l'apprécia-
tion des fautes dans les rapports humaines, on détruira toute justice." in Rev.
crit. 1905, 279.
Daß die „théorie des risques" nicht unfruchtbar blieb, zeigt die Rechtsprechung zur o. séc. rés. und zu art. 1384 CC, die zu einer weitgehenden Modifizie-
rung der faute geführt hat.
[15] *Saleilles*, Anm. D. 1897, 1, 437.
[16] Art. 1384 Abs. 1 CC: "On est responsable non seulement du dommage
que l'on cause par son propre fait, mais encore de celui qui est causé par le
fait . . . des choses que l'on a sous sa garde."
[17] Art. 1384 CC wurde bis dahin nur als allgemeiner Verweis auf die folgenden artt. 1385 und 1386 CC verstanden, die etwa den §§ 833, 836 BGB entsprechen.
[18] Civ. 16. 6. 1896: S. 1896, 1, 17 Anm. Esmein. Obwohl Saleilles und Josserand
(konsequenterweise) eine Haftung ohne faute annahmen, blieb die Rechtsprechung ihr treu. Die vermutete faute ist allerdings nicht vom Geschädigten nachzuweisen, sondern der Halter hat sich durch den Nachweis einer cause
étrangère zu entlasten. Civ. 28. 4. 1947: S. 1947, 1, 115, widersprüchlich jedoch
Civ. 2ème, 18. 12. 1964: D. 1965, 191 conclusions *Schmelck*, Anm. *Esmein*, die
von einer Haftungsvermutung (responsabilité présumée) spricht.
[19] *Rodière* in J.C.P. 1952, 1, 997 f. teilt ihn in 3 Stufen auf.

Die erste ist gekennzeichnet durch eine strikte Ablehnung einer vertraglichen Sicherungspflicht. Das Grundsatzurteil der Cour de Cassation vom 10. 11. 1884[20] bringt dies deutlich zum Ausdruck. In dem betreffenden Fall war ein Reisender durch einen verspätet eingetroffenen Zug auf den Bahngleisen getötet worden. Auf die Berufung der Witwe hin, die der Eisenbahngesellschaft keine faute nachweisen konnte, verneinte neben den Untergerichten auch die Cour de Cassation die Anwendbarkeit des art. 1784 CC[21] oder einer ähnlichen Vertragspflicht bei Personenbeförderungsverträgen und stellte ausdrücklich fest, daß sich die Verantwortlichkeit ausdrücklich nach Deliktsregeln richtet[22]. Diese Herrschaft der deliktischen Haftung dauerte trotz einiger widersprechender Entscheidungen der Berufungsgerichte[23] bis 1911 an[24].

Vorbereitet durch die Doktrin, die mit Ausnahme von Josserand der vertraglichen Lösung zuneigte[25], kam dann die Wende mit der Entscheidung der Cour de Cassation vom 21. 11. 1911[26], bei der es eigentlich gar nicht um diese Frage ging, sondern nur um einen sekundären Zuständigkeitsstreit.

Der Transporteur kann sich seither im Falle der Schädigung des Reisenden beim Transport nur durch den Nachweis eines fremden, ihm nicht zurechenbaren Ereignisses entlasten. Die Unaufklärbarkeit der Schadensursache geht zu seinen Lasten[27].

Obwohl der Begriff obligation de sécurité ausdrücklich nicht genannt und die Theorie von der Unterscheidung zwischen obligation de résultat und obligation de moyens von Demogue erst später entwickelt wurde, war damit die obligation de sécurité-résultat geboren[28].

---

[20] S. 1895, 1, 129 Anm. *Lyon - Caen; D.* 1885, 1, 433 Anm. *Sarrut.*

[21] Art. 1784 CC enthält eine Sicherungspflicht i. S. einer obligation de résultat beim Beförderungsvertrag von Sachen.

[22] "... ne saurait être appliqué au transport de personnes auquel les règles de la resp. civile sont exclusivement fixées par les artt. 1382 et s."

[23] z. B. Paris, 23. 7. 1894: D. 1895, 2, 63, lè espèce.

[24] Civ. 13. 3. 1895: S. 1895, 1, 285; Req. 14. 12. 1903: S. 1904, 1, 26.

[25] *Sarrut,* Anm. D. 1885, 1, 433; *Lyon - Caen,* Anm. S. 1885, 1, 129; *A. Esmein,* Anm. S. 1900, 2, 57.

[26] S. 1912, 1, 73 Anm. *Lyon - Caen; D.* 1913, 1, 249 Anm. *Sarrut,* "... que l'exécution du contrat du transport comporte pour le transporteur *l'obligation de conduire le voyageur sain et sauf à destination.*"

[27] Civ. 21. 4. 1913: S. 1914, 15 Anm. *Lyon - Caen; D.* 1913, 1, 249 Anm. *Sarrut,* "... c'est au voiturier de démontrer qu'il n'a pas commis de faute, et il doit réparation des accidents dont les circonstances sont demeurées inconnues."

[28] Während die Untergerichte die Unterscheidung auch terminologisch übernahmen (z. B. Trib. de Paris 16. 11. 1927 Sem. Jur. 1928, 53), legte sich die Cour de Cassation lange Zeit nicht fest. Maßgebend sind für sie vorwiegend praktische Erwägungen, während Lehrmeinungen zur Begründung regelmäßig nicht herangezogen werden.

2*

Dieser Wandel der Rechtsprechung, der den Weg zur Entstehung von vertraglichen Sicherungspflichten in weiteren Verträgen[29] freimachte, wurde mehr oder minder vom technischen Fortschritt erzwungen[30].

Der Reisende wurde angesichts der immer schneller werdenden Verkehrsmittel in eine passive Rolle gedrängt und weitgehend vom fehlerfreien Funktionieren der maschinellen Einrichtungen abhängig. Hingegen trat sein eigenes Fehlverhalten als Schadensursache immer mehr in den Hintergrund. Um dieses gestörte Gleichgewicht zwischen den Vertragspartnern wiederherzustellen, kam die Rechtsprechung dem Reisenden mit dieser Konstruktion zu Hilfe. Denn der Geschädigte stand meistens hilflos einer wirtschaftlich mächtigen Transportgesellschaft gegenüber, die es geschickt verstand, ihrer Verantwortlichkeit für den Schaden zu entgehen.

Der Entscheidung von 1911 folgte erst mit dem Urteil der Cour de Cassation vom 20. 5. 1936[31] zur Arzthaftung die de facto Einführung der obligation de sécurité-moyens. Zwar handelt es sich bei dieser Pflicht im Gegensatz zu den übrigen von der Rechtsprechung entwickelten Sicherungspflichten nicht um eine vertragliche Nebenpflicht, sondern um eine Hauptleistungspflicht. Jedoch liegt, abgesehen von der Erweiterung der Vertragshaftung und der damit verbundenen dreißigjährigen Verjährungsfrist, die Bedeutung der Entscheidung darin, daß zum ersten Mal die obligation de moyens von der höchstrichterlichen Rechtsprechung anerkannt wurde. Ausgehend von dem Paradefall dieser obligation gilt das Urteil als Grundlage für die später von der Rechtsprechung als obligation de moyens eingestuften vertraglichen Sicherungspflichten. Die Cour de Cassation mußte zwangsläufig zu einer solchen Vertragspflicht neuen Inhalts kommen, wollte sie den bisherigen widersprüchlichen Zustand einer deliktischen Haftung trotz Vertrages beenden und die vertragliche Haftung einführen. Denn angesichts der Tatsache, daß der Arzt niemals den Heilungserfolg versprechen kann[32], sondern allen-

---

[29] Vgl. 2. Teil.

[30] „La politique de la force", *Jhering*, l'évolution du droit, traduction *Meulenaire*, p. 169.

[31] D. 1936, 1, 88 Concl. *Matter*, Rapport *Josserand* S. 1937, 1, 321 Anm. *Breton*, "Il se conforme entre le medecin et son client un véritable contrat comportant pour le practicien l'engagement, sinon évidemment de guérir le malade du moins de lui donner les soins non pas quelconques, mais consciencieux, attentifs et conformes aux données acquises de la science. La violation même involontaire de cette obligation contractuelle est sanctionnée par une responsabilité de même nature."
Konkreter Anlaß der Entscheidung war der Wille des Gerichts, dem Arzt die Berufung auf die kurze Verjährungsfrist des deliktischen Anspruchs (vgl. § 3, I, 6) abzuschneiden. Gleichzeitig wurde dem Geschädigten jedoch wegen des Prinzips des „non-cumul" (vgl. § 3, II) die Möglichkeit genommen, seine Klage auf art. 1384 CC zu stützen.

[32] Concl. *Matter* (s. o.): "Le medecin ne s'oblige pas à guérir le malade, il n'en a pas le moyen, et ici chaque medecin doit se rapeller la belle formule

falls seine Bemühungen im Bewußtsein des Risikos der Heilbehandlung, konnte diese Vertragspflicht keine obligation de résultat sein, nach der sich der Arzt nur durch den Nachweis eines ihm nicht zurechenbaren Ereignisses von dem Vorwurf der Pflichtverletzung hätte freimachen können.

Rechtspolitischer Hintergrund des Urteils war nicht wie bei der von der praktischen Auswirkung her wichtigeren Gruppe der Sicherungserfolgspflichten der technische und wirtschaftliche Fortschritt, sondern die fällige juristische Anpassung an tatsächliche Gegebenheiten des Arztvertrages.

II. Praktische Bedeutung der obligation de sécurité

Trotz ständiger Ausweitung der vertraglichen Haftung durch die obligation de sécurité ist ihre Anwendbarkeit noch auf einzelne Vertragsverhältnisse beschränkt. Sie wird als Nebenverpflichtung zusätzlich zu dem auf ein anderes wirtschaftliches Ergebnis gerichteten Hauptinhalt des Vertrages dann angenommen, wenn die Vertragserfüllung für einen der Vertragspartner besondere Gefahren in sich birgt, die der Vertragspartner beherrscht. Es gilt (noch) nicht[33] der von der deutschen Rechtsprechung und Lehre bezüglich der Schutz- bzw. Verhaltenspflicht aufgestellte Grundsatz, daß jeder Vertragspartner nicht nur die eigentliche mit dem Vertrag bezweckte Leistung zu erbringen, sondern dabei auch für die persönliche Sicherheit des Vertragspartners zu sorgen hat. Diese allgemeine Sicherungspflicht wird weitgehend noch von der deliktischen Haftung nach artt. 1382 ff. CC erfaßt.

Die praktische Bedeutung liegt vor allen Dingen bei der o. séc. rés., da hier durch die „présomption de faute" bzw. „présomption de responsabilité"[34] und die damit verbundene Umkehr der Beweislast der radikalste Einschnitt in die vom CC konzipierte Verschuldenshaftung gemacht wird. Dies führt dann, wie die Analyse der Rechtsprechung zeigen wird, zu einer „responsabilité sans faute", d. h. einer Erfolgshaftung, die einer Gefährdungshaftung gleichkommt.

Da die Entwicklung noch nicht abgeschlossen ist, ist die o. séc. angesichts der Schwierigkeiten in der Abgrenzung und Einordnung des Haftungssystems zu dem von der Rechtsprechung und Lehre am meisten behandelten Problem des franz. Schuldrechts geworden.

---

du grand Ambroise Paré quand il disait: 'Je le pansait. Dieu le guerait'." Bezüglich einer eventuellen Sachhalterhaftung des Arztes, vgl. § 8, VI.

[33] Die Entwicklung scheint jedoch dahinzugehen, vgl. *Brunet*, Observation critique sur la notion d'obligation de sécurité, Gal. Pal. 1952, 24 f.

[34] *Carbonnier*, Bd. II, Nr. 154; *Mazeaud - Tunc*, Bd. I, Nr. 662.

§ 2. Der Begriff der Sicherungspflicht als weitere Verhaltenspflicht im Rahmen der positiven Vertragsverletzung

Um den Begriff der o. séc. besser zu verstehen und einordnen zu können, muß sein Bezugspunkt im deutschen Recht festgestellt werden. Dabei genügt es nicht, den Begriff dieser Sicherungspflicht als solchen zu erklären, sondern es muß auch seine Einordnung in das anders geartete System der deutschen Vertragshaftung vorgenommen werden. Denn nur zusammen mit dem systematischen Hintergrund dieser Vertragspflicht lassen sich vergleichende Betrachtungen anstellen.

I. Entwicklung, Bedeutung und Einordnung

Das BGB kennt im Gegensatz zu den romanischen Rechten nicht einen einheitlichen Begriff der Nichterfüllung, im folgenden Leistungsstörung[1] genannt, sondern unterscheidet zwischen Unmöglichkeit und Verzug. Diese auf Mommsen und Windscheid[2] zurückgehende Einschränkung der Leistungsstörungen erfaßt jedoch nicht die Fälle, in denen der Schuldner zwar überhaupt und rechtzeitig leistet, jedoch nicht in sorgsamer Weise, d. h. schlecht leistet, oder eine andere Nebenpflicht verletzt[3], so daß dadurch ein Schaden entsteht.

Nachdem diese Lücke, bzw. Unvollständigkeit des BGB erkannt worden war, boten sich im wesentlichen zwei Möglichkeiten, sie zu schließen. Entweder man kam durch eine Ausweitung der Unmöglichkeit und das

---

[1] Dieser von Stoll (Lehre von den Leistungsstörungen) geprägte Oberbegriff für alle Vertrags- bzw. Forderungsverletzungen entspricht am besten der „Inexécution" im französischen Recht.

[2] Vgl. dazu: *Rabel*, Unmöglichkeit der Leistung, in Ges. Aufsätze Bd. 1, S. 18 ff.

[3] Die Nebenpflichten und Nebenleistungen im Verhältnis zur Gesamtleistung wurden zur Zeit der Entstehung des BGB zwar nicht übersehen, jedoch nicht in ihrer allgemeinen Bedeutung erkannt. Denn im Mittelpunkt der Überlegungen zu den Schuldnerpflichten stand die vollständige Leistung, d. h. die Bewirkung der Einzelleistung, wie sie sich durch Objekt der Obligation, durch Gegenstand, Ort und Zeit der Leistung bestimmt. Das „Wie" der Leistung war nebensächlich, da es auf den Leistungserfolg ankam, so daß eine nicht exakte Leistungshandlung der vollständigen Leistungsbewirkung nicht im Wege stand. (Vgl. *Stoll* AcP 136/27). — Nur im besonderen Fall der Vertragsstrafe (§ 339 BGB) zieht das BGB auch die „nicht gehörige Erfüllung" in Betracht.

Auffinden eines allgemeinen Haftungstatbestandes zu einem einheitlichen Begriff der Leistungsstörung, ähnlich wie im franz. Recht, oder
man mußte ein die Unmöglichkeit und Verzug ergänzendes System der
Pflichtverletzung schaffen.

Erstere Lösung wurde vor allem von Himmelschein[4] vertreten. Unmöglichkeit liegt nach ihm immer dann vor, wenn der Schuldner hinter
der vollständigen Leistung (gesolltes Verhalten), die auch Qualität der
Leistung und andere zahlreiche Nebenpflichten umfaßt, zurückbleibt.
Jede Pflichtverletzung bedeutet daher zumindest teilweise Unmöglichkeit. Aus der Entstehungsgeschichte des BGB ergebe sich ferner, daß
§ 276 BGB keine bloße Begriffsbestimmung ist, sondern ein selbstän-
diger Rechtssatz. Aus ihm könne daher der Grundsatz entnommen
werden, daß der Schuldner für jede vorsätzliche oder fahrlässige Nichterfüllung der Schuldnerpflicht haftet[5]. Diese Theorie setzte sich nicht
durch, insbesondere nachdem Stoll[6] nachwies, daß dem BGB ein gegen-
ständlicher Unmöglichkeitsbegriff zugrunde lag und bezüglich der zweiten These Himmelscheins ein Widerspruch zu dem von ihm zuvor
vertretenen Unmöglichkeitsbegriff bestand. Denn, wenn jede Vertragsverletzung die Unmöglichkeit der Leistung zur Folge hat, entsteht der
Ersatzanspruch bereits aus der Unmöglichkeit[7].

Trotz vielfacher Kritik, vor allem von Stoll[8], setzte sich der von Staub[9]
entwickelte Begriff der positiven Vertragsverletzung durch, der damit
zur Schließung der erkannten Regelungslücke den zweiten Weg ging.
Nach seiner Vorstellung werden von der positiven Vertragsverletzung
im Gegensatz zur Unmöglichkeit und Verzug, wo der Schuldner die
gebotene Handlung unterläßt, die Fälle umfaßt, in denen der Schuldner
eine nicht gebotene Handlung vornimmt, d. h. schlecht erfüllt oder
einer Unterlassungspflicht zuwider handelt. Obwohl sich diese Begriffsbestimmung als zu eng erwiesen hat, da es sich bei der positiven Vertragsverletzung weder ausschließlich um Verträge (z. B. Verletzung

---

[4] Erfüllungszwang und Lehre von der Vertragsverletzung AcP 135, 255 - 327.

[5] Vgl. auch *Wicher* AcP 158, 299 ff.

[6] AcP 136, 279 ff.; vgl. auch *Kreß*, Bd. I, § 23, S. 589: „Die Verletzung der
Schutzverpflichtung kann wohl nach den Grundsätzen verschuldeter Unmöglichkeit behandelt, aber nicht im Widerspruch mit der Wirklichkeit und Logik
als ein Unmöglichkeitsfall hingestellt werden."

[7] Außerdem deuten Stellung und Formulierung des § 276 BGB nicht auf
einen Haftungsgrund, sondern nur auf einen Haftungsmaßstab hin (*Larenz*,
Bd. 1, § 23 I m. w. N.).

[8] AcP 136, 279. In seiner „Verabschiedung der positiven Vertragsverletzung"
stellte Stoll ähnlich wie Himmelschein von § 276 BGB als Haftungsgrundlage
ausgehend ein System von Forderungsverletzungen auf. Seine an der Inter-
essenverletzung orientierten Erfüllungs- und Schutzpflichten finden sich jedoch
in ähnlicher Anordnung im heutigen System der positiven Vertragsverletzung.

[9] Die positiven Vertragsverletzungen, 2. Aufl. 1913.

einer Nebenpflicht innerhalb eines gesetzlichen Schuldverhältnisses) noch um nur positives Tun handelt (z. B. Verletzung einer Aufklärungs- oder Fürsorgepflicht durch Unterlassung), blieb der Begriff positive Vertrags- bzw. Forderungsverletzung bestehen.

Heute sind alle Vertragsverletzungen, die nicht unter Unmöglichkeit oder Verzug fallen, allgemein von Rechtsprechung und Lehre[10] als positive Vertragsverletzungen anerkannt und haben sich — wohl nicht zuletzt auch wegen der enttäuschten Erwartung einer de lege ferenda Lösung — zu Gewohnheitsrecht verdichtet. Es gilt der Grundsatz, daß der Schuldner zum Ersatz des vom Gläubiger durch die verschuldete Pflichtverletzung — sei sie Unmöglichkeit, Verzug, Schlechterfüllung oder sonstige Pflichtverletzung — entstandenen Schaden an seiner Person oder seinen Rechtsgütern verpflichtet ist. Faßt man Unmöglichkeit, Verzug und positive Vertragsverletzung als Inbegriff aller Vertragsverletzungen zusammen, so ergibt sich, zumindest von der praktischen Auswirkung her gesehen, ein ähnlich einheitlicher Begriff der Leistungsstörungen, wie der „inexécution" im franz. Recht[11].

Hat sich Staub zur Begründung seiner Lehre noch auf die analoge Anwendung der Verzugsregeln bezogen, so wird heute von Rechtsprechung und Lehre[12] die rechtsähnliche Anwendung der §§ 280, 286, 325, 326 BGB vorgezogen.

Da die positiven Vertragsverletzungen eine Vielzahl ihrer Natur nach sehr verschiedener Vertragspflichten erfassen, ergibt sich die Notwendigkeit einer Gliederung und Typisierung dieser Pflichten. Nach mehr oder minder geglückten Lösungsversuchen[13] und von terminologischen Unterschieden abgesehen, teilt man diese Pflichten heute überwiegend in zwei Hauptgruppen auf[14]. Zur ersteren gehören alle mangelhaften Erfüllungshandlungen, soweit sie einen über die mangelhafte Erfüllung hinausgehenden Schaden verursachen (Schlechterfüllung bzw. Schlechtleistung)[15]. Unter der zweiten Gruppe werden die Verletzungen von

---

[10] Vgl. *Larenz*, Bd. I, § 23 I m. w. N.

[11] Vgl. BGH NJW 1954, 229; *Rabel*, Warenkauf Bd. 1, S. 162, 163; *Stoll*, Leistungsstörungen, S. 30, 62, 65, Art. 9 seiner Reformvorschläge lautet: „Soweit der Schuldner die Leistung nicht oder nicht in gehöriger Weise bringt, hat er dem Gläubiger den daraus entstehenden Schaden zu ersetzen." (vgl. auch § 339 BGB).

[12] *Larenz*, Bd. 1, § 23 I m. w. N.; BGHZ 11, 80; RGZ 106, 25 bezog sich dagegen noch auf § 276 BGB als Rechtsgrund.

[13] Vgl. dazu *Koepcke*, S. 14 ff.

[14] *Larenz*, Bd. 1, § 23 I; *Esser*, Bd. 1, § 52 VI; *Enneccerus - Lehmann*, S. 55; a. A. *Staudinger*, Anm. 775.

[15] Zu dieser Gruppe zählt *Koepcke*, S. 54 ff. auch die Verletzung von Nebenleistungspflichten in sog. zusammengesetzten Verträgen oder sog. Kombinationsverträgen (*Enneccerus - Lehmann*, § 55).

gewissen Nebenpflichten, insbesondere Verhaltenspflichten oder Schutzpflichten verstanden, die sich aus dem Grundsatz von Treu und Glauben
ergeben. Zu ihnen gehören Vorbereitungs-, Obhuts-, Erhaltungs-, Auf-
bewahrungs-, Anzeige-, Auskunfts- und sonstige Treu- oder Sorgfalts-
pflichten[16].

Allerdings sieht Stoll[17] in der Schutzpflicht eine Pflicht, die außerhalb
des eigentlichen Leistungsvorgangs und losgelöst vom Vertrag infolge
der durch die Sonderrechtsbeziehungen eröffneten Einwirkungsmög-
lichkeiten entstanden ist und lediglich der Abwehr von Schädigungen
dient, welche sich aus der besonderen Einwirkung auf den fremden
Rechtskreis anläßlich der Vertragsvorbereitung und Durchführung ergeben. Insoweit grenzt sie sich von den übrigen Nebenpflichten ab.
Ähnlich unterscheidet auch Thiele[18] zwischen den am Erfüllungsinteresse ausgerichteten Pflichten und den Schutzpflichten, die unabhängig
vom Bestehen oder Zustandekommen eines Leistungsverhältnisses nur
dem Erhaltungsinteresse dienen. Der Unterschied von Nebenleistungspflichten und Schutzpflichten liegt daher nicht im Inhalt des geschuldeten
Verhaltens, sondern in seinem Ziel und Zweck. Dabei geht bei Thiele
die Unterscheidung von Leistungs- und Schutzpflichten quer durch alle
anderen obengenannten Nebenpflichten. Die Schutzpflicht entspringt nach
seiner Auffassung aus der Erwartung, die jemand aufgrund einer —
bloß faktischen, nicht notwendigerweise rechtsgeschäftlichen —
Sonderverbindung mit einer anderen Person dieser gegenüber hegt,
daß der andere ihm und seinen Rechtsgütern besondere Rücksichtnahme
entgegenbringt.

II. Abgrenzung der Sicherungspflicht
von den übrigen Verhaltenspflichten

Bei der Frage, welchen dieser Pflichten die o. séc. entspricht, ist zu
beachten, daß der systematische Ausgangspunkt in beiden Rechten (vgl.
oben) verschieden ist, so daß eine pauschale Einordnung der Sicherungspflicht in eine dieser Gruppen verfehlt wäre. Die o. séc. wurde als vertragliche Pflicht von der Rechtsprechung nur zur Verstärkung des persönlichen Schutzes des Vertragspartners entwickelt. Dieser verschiedenen

---

[16] Dazu kommen als besondere Gruppe die hier nicht interessierenden
Fälle, in denen der Schuldner ernstlich und endgültig die Erfüllung verweigert
oder bei Sukzessivlieferungen durch eine mangelhafte Einzelleistung eine Gefährdung des ganzen Schuldverhältnisses bewirkt.

[17] Lehre von den Leistungsstörungen, 1936, S. 25 ff.

[18] Leistungsstörungen und Schutzpflichtverletzungen, JZ 1967, 649 ff.; so auch
schon *Kreß* (Bd. I, § 23, 2 f.), der von einer unentwickelten Schutzpflicht spricht:
„Der unentwickelte Schutzanspruch kann nicht erfüllt, befriedigt werden, da
er nicht auf eine Leistung in diesem Sinne (auf eine Güterbewegung) gerichtet ist."

Ausgangslage Rechnung tragend, stellt man fest, daß die o. séc. sowohl in den Bereich der Schlechterfüllung als auch in den Bereich der weiteren Verhaltens- bzw. Schutzpflichten hineinragt.

Die Verletzung der Sicherungspflicht bei Beförderungs- und ähnlichen gemischten Verträgen, welche das Hauptanwendungsgebiet der o. séc. bietet, kann sowohl als Schlechterfüllung der Nebenleistungspflicht aufgefaßt werden[19] als auch als Verletzung der Schutzpflicht i. S. einer Erhaltungspflicht. Eine klare Trennung der Pflichten läßt sich, wie später noch festzustellen sein wird, oft nicht ziehen, da die Übergänge zum Teil fließend sind.

Die im deutschen Recht unter die Schlechterfüllung fallenden Begleitoder Mangelfolgeschäden werden im franz. Recht in der Regel von den weitergefaßten Gewährleistungspflichten für Sachmängelfreiheit erfaßt[20], obwohl auch hier z. T. die o. séc als zusätzliche Begründung hinzugezogen wird, insbesondere dann, wenn es z. B. der Verkäufer unterläßt, auf die besondere Gefährlichkeit der Kaufsache hinzuweisen, was im deutschen Recht unter die Verletzung einer Aufklärungs- bzw. Anzeigepflicht fällt[21].

Die größte Anzahl der Sicherungspflichten entspricht den Erhaltungspflichten. Von ihr werden vor allen Dingen die fahrlässig verursachten Schädigungen des Vertragspartner erfaßt, die dieser im Herrschaftsbereich des anderen Vertragspartners erleidet[22]. Dazu gehören auch die Fälle, in denen der Schuldner auf Grund des mangelhaften Funktionierens der bei der Vertragserfüllung gebrauchten Geräte oder Gegenstände verletzt wird.

Der o. séc. am nächsten kommt das von Stoll vorgeschlagene System der Schutzpflichten in seiner Einordnung als eine von der ursprünglichen Leistung des Vertrages unabhängige selbständige Pflicht.

Eine genaue Einordnung und Abgrenzung wird erst nach dem Vergleich der von der Rechtsprechung gefundenen Ergebnisse möglich sein, so daß es des besseren Verständnisses wegen bei dieser einführenden Übersicht bleiben soll.

---

[19] So *Koepcke*, S. 60 ff.

[20] z. B. artt. 1641 ff. CC beim Kauf; art. 1721 bei der Miete; vgl. *Mazeaud - Tunc*, Bd. 1, S. 214; *Goldschmidt*, S. 18.

[21] z. B. *Demogue*, Rev. tr. 23, 647 ff. (Gefährlichkeit eines Gewehres).

[22] *Koepcke*, S. 79 ff., der sie zutreffend als Verletzungen der Sicherheitspflicht im Kontaktbereich bezeichnet. Die dort aufgeführte Schonungspflicht wurde, soweit ersichtlich, von der franz. Rechtsprechung noch nicht als selbständige Sicherungspflicht entwickelt, sondern unterliegt noch der deliktischen Haftung.

Erster Teil

Allgemeine Theorie der obligation de sécurité
(inéxécution d'une obligation accéssoire)

§ 3. Dualität zwischen vertraglicher und deliktischer Haftung

Den juristischen Boden, auf dem sich die o. séc. entwickeln konnte, bildet die Antithese von deliktischer und vertraglicher Haftung im franz. Zivilrecht[1], die durch das Prinzip des „non-cumul", welches im Gegensatz zu der im deutschen Recht geltenden Anspruchskonkurrenz steht, seine ganze Bedeutung erhält. Denn die Unzulänglichkeit des Deliktsrechts für den Schutz des Vertragspartners, insbesondere die für ihn nachteilige Beweislastverteilung, war mit die Ursache der Ausweitung der vertraglichen Haftung durch die o. séc. Da in diesem Bereich die Schädigung regelmäßig Vertragsverletzung und unerlaubte Handlung zugleich ist, stellt sich das Problem der Konkurrenz der Ansprüche.

Daher soll im folgenden untersucht werden, inwieweit Unterschiede zwischen den beiden Haftungsarten bestehen und relevant sind und wie das Konkurrenzproblem im franz. Recht gelöst wurde.

I. Wichtigste Unterschiede zwischen
deliktischer und vertraglicher Haftung

Als eine Untergruppe der „engagements qui se forment sans conventions" (art. 1376 CC) grenzt sich die nur 5 Artikel umfassende deliktische Haftung im CC (artt. 1382 - 1385) sowohl nach ihrer Stellung im Gesetz, ihrer Entstehung und ihren Rechtsfolgen von der vertraglichen Haftung ab. Trotz verschiedener theoretischer Begründungen[2] ist diese auch von der Rechtsprechung praktizierte Dualität von der Doktrin allgemein anerkannt[3]. Die Kontroverse in der Lehre beschränkt sich heute auf

---

[1] "La notion d'obligation de sécurité n'a d'intérêt et utilité que par préférence à la distinction des resp. contr. et dél.", Juris Classeur art. 1146 - 1155 Fasc. V, Nr. 67.

[2] Vgl. dazu *Mazeaud - Tunc*, Bd. 1, Nr. 97 - 103.

[3] a. A. *Grandmoulin*, De l'unité des responsabilités, thèse Rennes 1892, der von der Einheitlichkeit des schuldhaften Verhaltens ausgeht und die Aufspaltung in vertragliches und deliktisches Verschulden ablehnt.

die Frage, ob die Unterschiedlichkeit von fundamentaler[4] oder nur von gradueller Natur ist[5] und ob beide Haftungstypen auf verschiedenen Grundlagen beruhen und verschiedenen Regeln folgen. Ohne in die Streitfrage[6] eintreten zu wollen, bleibt festzustellen, daß z. B. die Hauptelemente der Haftung, wie Eintritt eines Schadens, schuldhaftes Verhalten des Schädigers und Kausalität zwischen Verhalten und Schaden keine grundlegenden Verschiedenheiten aufweisen.

Die wichtigsten materiell rechtlichen Unterschiede sind folgende[7]:

1. Beweislastverteilung

Nach der klassischen franz. Doktrin[8] haftet der Vertragsschuldner immer für die Nichteinlösung seines vertraglichen Versprechens, außer wenn er zu seiner Entschuldigung ein Ereignis, das auf höhere Gewalt beruht, nachweisen kann. Ist die Haftung deliktischer Natur[9], müssen vom Geschädigten alle Elemente des Delikts nachgewiesen werden. „La faute contractuelle à la difference de la faute délictuelle se présume[10]." Dieser „klassische" Unterschied, welcher der Hauptgrund für die Entstehung der o. séc. war, wurde bereits von Grandmoulin[11] und Planiol[12] heftig angegriffen. Denn bei der „obligation de ne pas faire"[13] z. B. muß

---

[4] So *Sainctelette*, De la responsabilité et de la garantie, Brüssel 1884; *Savatier*, Bd. 1, Nr. 109 - 113.

[5] *Mazeaud - Tunc*, Bd. 1, Nr. 98; *Planiol - Ripert (Esmein)*, Bd. 6, Nr. 488 bis 492.

[6] Diese beruht vor allem darauf, daß man aus der Tatsache, daß bei der Vertragshaftung bereits eine obligation von Anfang an bestand, während diese bei der deliktischen Haftung erst durch die schädigende Handlung entsteht, einen strukturellen Unterschied herauslesen möchte, der sich materiellrechtlich aber nicht begründen läßt. Über die Zweifelhaftigkeit des Ausgangspunkts vgl. Mazeaud - Tunc, Bd. 1, Nr. 98, der nachweist, daß die Pflicht zum Schadenersatz und die urspüngliche Vertragspflicht unterschieden werden muß.

[7] Der im deutschen Recht wohl bedeutendste Unterschied, die Haftung für Dritte (§§ 278, 831 BGB), spielt im franz. Recht keine Rolle, da im deliktischen Bereich für Hilfspersonen („domestiques et préposés") ohne Entlastungsmöglichkeit gehaftet wird (art. 1384 Abs. 5 CC); ebenso nicht bei §§ 844, 845, 847 BGB.

[8] *Beudant*, Les contrats et les obligations, 2ème éd., Bd. 8, Nr. 392; sowohl nach deutschem (§ 363 BGB) als auch nach franz. Recht hat der Schuldner grundsätzlich die Erfüllung nachzuweisen.

[9] Die deliktische Haftung umfaßt das „délit", vorsätzliche Schädigung (art. 1382), und das „quasi-délit", fahrlässige Schädigung (art. 1383).

[10] *Huc*, Commentaire du CC, Bd. 7, Nr. 95: "La faute dél. se produit en dehors de toutes relations entre les intéressés, il suit qu'elle doit être directement prouvée par le demandeur des dommages-intérêts tandis que la faute contr. peut se présumer."

[11] s. Anm. 3.

[12] Traité élémentaire, Bd. 2, Nr. 873 ff.

[13] Der CC unterscheidet zwischen „obligation de donner" (art. 1136 ff.) und „obligation de faire ou de ne pas faire" (art. 1142 ff.).

der Gläubiger die Handlung nachweisen, die diese Verpflichtung verletzt[14]. So ist heute allgemein anerkannt, daß die Beweislast nicht notwendigerweise ein Unterscheidungsmerkmal zwischen vertraglicher und deliktischer Haftung ist[15]. Die moderne herrschende Doktrin und jüngere Rechtsprechung unterscheidet nach dem Inhalt der Verpflichtung, d. h. ob eine o. rés. oder eine o. moy.[16] vorliegt. Diese neue Unterscheidung betrifft sowohl vertragliche als auch deliktische Pflichtverletzungen[17].

Die deliktische Pflicht ist dabei jedoch eine von der vertraglichen Pflicht zu trennende allgemeine vom Gesetzgeber bestimmte Pflicht („obligation préexistante"). Die meisten dieser Rechtspflichten, z. B. artt. 1382, 1383 CC („devoir général de prudence et diligence") sind o. moy., während die aus art. 1384 CC entnommene Pflicht als o. rés. einzustufen ist.

Daraus ergibt sich, daß durch die neue Klassifizierung der Pflichten der Unterschied hinsichtlich der Beweislast zwischen deliktischer und vertraglicher Haftung in seiner ursprünglichen Form überholt ist. Das Problem ist noch dasselbe, nur hat es sich auf eine andere Ebene verlagert. Heute wird der persönliche Schutz des Schuldners durch die Begründung einer o. séc. rés. erweitert. Vorbedingung ist jedoch nach wie vor, daß zunächst eine vertragliche Pflicht entsteht und somit das Vertragskonzept erweitert wird.

2. Verschuldensgrad

Das aus dem römischen Recht stammende Prinzip[18], daß die vertragliche Haftung nur durch leichte Fahrlässigkeit („faute légère"), die deliktische Haftung selbst bei leichtester Fahrlässigkeit („faute très légère") ausgelöst wird, spielt angesichts der obengenannten Klassifizierung heute praktisch keine Rolle mehr[19]. Bei den o. moy. besteht hinsichtlich des Schadenersatzes als Rechtsfolge zwischen den beiden Schuldstufen kein Unterschied[20]. Bei den o. rés. muß der Schuldner auch leichteste Fahrlässigkeit gegen sich gelten lassen[21], denn er kann sich nur durch den Nachweis der „force majeure" entlasten.

---

[14] Argument aus art. 1145 CC.

[15] *Josserand*, Bd. 2, Nr. 617; *Planiol - Ripert (Esmein)*, Nr. 377, 491; *Savatier*, Bd. 1, Nr. 113.

[16] Vgl. § 3, II.

[17] Streitig, vgl. *Ohler*, S. 48 ff.

[18] „In lege Aquilia et levissima culpa venit", Ulpian, Dig. 9. 2. 44 pr.

[19] *Mazeaud - Tunc*, Bd. I, Nr. 427; *Planiol - Ripert (Esmein)*, Bd. 6, Nr. 489; *Planiol - Boulanger*, Bd. 2 (1957) Nr. 913. Einen Unterschied machen noch: Req. 8. 1. 1890, D. 1891, 1, 380. S. 1890, 1, 408; Civ. 11. 1. 1922: S. 1924, 1, 105 Anm. *Demogue*; ebenso *Brun*, Rapports et domaines des resp. contr. et dél., 1931, Nr. 18.

[20] Str. ist jedoch der Fahrlässigkeitsmaßstab.

[21] Civ. 29. 10. 1940: D. H. 1941, 8; vgl. dazu auch die Entscheidungen bzgl. der force majeure § 3 I, 3.

3. Haftungsklauseln

Im Deliktsrecht sind Haftungsklauseln gleich welcher Art als ein Verstoß gegen den „ordre public" nichtig[22]. Im Vertragsrecht muß zwischen Freizeichnungsklauseln („clauses de non-responsabilité" oder „clauses exonératoires"), die eine vertragliche Haftung überhaupt ausschließen, und Haftungsbeschränkungen („clauses limitatives de resp."), die die Haftung nur dem Umfang nach beschränken, unterschieden werden.

Erstere sind grundsätzlich zulässig, jedoch nicht für „dol"[23] und nach h. M.[24] auch nicht für „faute lourde"[25]. Während die Doktrin einen völligen Haftungsausschluß befürwortet, begrenzte die Rechtsprechung — nicht zuletzt wegen des cumul-Verbotes zwischen deliktischer und vertraglicher Haftung — die Wirkung einer solchen Haftungsklausel zunächst auf eine bloße Beweislastumkehr[26]. Demgegenüber wies die Doktrin mit Recht darauf hin, daß diese Ansicht der Rechtsprechung von falschen Voraussetzungen ausging. Denn bei den o. rés. z. B. ist eine Beweislastumkehr nicht möglich. In jüngster Zeit nimmt übrigens auch die Rechtsprechung eine volle Befreiungswirkung an[27].

Mit den bis auf „dol" und „faute lourde"[28] für zulässig angesehenen Haftungsbeschränkungen wird erreicht, daß die Voraussehbarkeit des Schadenumfangs, die für den Ersatz wesentlich ist (art. 1150 CC), willkürlich begrenzt werden kann[29].

---

[22] Gegen diese konstante Rechtsprechung (z. B. Civ. 17. 2. 1955: D. 1956, J. 17) wendet sich ein Teil der Doktrin (*Mazeaud - Tunc*, Bd. 3, Nr. 2567; *Planiol - Ripert [Esmein]*, Bd. 6, Nr. 489b; *Aubry - Rau*, Bd. 6, § 441). Denn sie zählt zum „ordre public" nur die in artt. 1382 ff. CC enthaltenen Legalobligationen, jedoch nicht die Ansprüche, die sich aus der Verletzung derselben ergeben, so daß zumindest der Haftungsumfang beschränkt werden könne.

[23] „Dol" erfaßt nur Vorsatz mit Schädigungsabsicht.

[24] *Mazeaud - Tunc*, Bd. 3, Nr. 2523; *Lalou*, S. 366; *Tunc*, Rev. tr. 1964, 115 ff. (Rechtsprechungsübersicht), Civ. lè, 21. 12. 1964: J.C.P. 1956, 2, 14005; a. A. Civ. 2. 8. 1950, D. 51, 581 Anm. *Mimin*.

[25] Bedingter Vorsatz u. bewußte Fahrlässigkeit; vgl. *Mazeaud - Tunc*, Bd. I, Nr. 691 - 2; *Ferid*, Bd. 1, 2 C 31 - 36.

[26] Req. 24. 10. 1932: S. 1933, 1, 289; Civ. 16. 3. 1955: Gaz. Pal. 1955, 2, 13; ebenso *Savatier*, Bd. 1, Nr. 660 - 664. Bis 1874 (Civ. 4. 2. 1874: S. 1874, 1, 273) lehnte die Rechtsprechung einen Haftungsausschluß als mit der Natur des Schuldverhältnisses unvereinbar überhaupt ab. Praktischer Grund war vor allen Dingen die mißbräuchlich verwandte Monopolstellung der Eisenbahngesellschaften (vgl. Civ. 24. 4. 1865: S. 1865, 1, 615; Civ. 26. 1. 1859: S. 1859, 1, 316).

[27] Soc. 3. 8. 1948: D. 1948, 536; Com. 15. 6. 1959: D. 1960, 97 Anm. *Rodière*; Civ. 2è, 10. 2. 1966: Rev. tr. 1966, 544 observ. *Rodière*; vgl. jedoch Anm. 49.

[28] Zum Teil ist bei den beiden Verschuldensarten auch der nicht voraussehbare Schaden zu ersetzen, vgl. Req. 24. 10. 1932: D.P. 1932, 1, 176, S. 1933, 1, 289; eine weitere Modifikation des art. 1150 CC erfolgt durch die Herabsetzung de Anforderungen für die Voraussehbarkeit, vgl. Com. 4. 3. 1965: J.C.P. 2, 14219 Anm. *Rodière*.

[29] Civ. 29. 6. 1948: D. 1948, J, 435.

Infolge der — allerdings eingeschränkten — Möglichkeit der Haftungsbegrenzung und des Haftungsausschlusses ist in diesem Punkt die vertragliche Haftung für den Geschädigten unvorteilhafter. Auf die speziell im Rahmen dieser Arbeit interessierende Frage der Haftungsklauseln bei der o. séc. wird in einem besonderen Abschnitt eingegangen werden[30].

4. Haftungsumfang

Ebenfalls unvorteilhafter für denjenigen, der sich auf die Vertragshaftung berufen muß, ist das verschiedene Ausmaß des zu ersetzenden Schadens. Während der Ersatz nichtvermögensrechtlichen Schadens („dommage moral") im Deliktsrecht parallel zum deutschen Recht (vgl. § 847 BGB) anerkannt ist, ist er im Vertragsrecht bestritten[31]. Auch gilt die in art. 1150 CC vorgesehene Beschränkung auf den zum Zeitpunkt des Vertragsschlusses voraussehbaren Schaden[32], falls kein „dol" oder „faute lourde" vorliegt, im Deliktsrecht nicht[33].

5. Schuldnermehrheit

Mehrere Deliktstäter haften „in solidum", d. h. jeder auf das Ganze. Es entsteht zwischen ihnen jedoch kein echtes Gesamtschuldverhältnis („lien de solidarité")[34].

Mehrere Vertragsschuldner haften grundsätzlich als Teilschuldner, wenn nichts anderes vereinbart ist[35]. Haftet ein Schädiger aus Delikt, der andere aus Vertrag, so haftet jeder getrennt, d. h. nicht solidarisch auf das Ganze[36].

6. Verjährung

Die Verjährungsfrist beträgt für deliktische und vertragliche Ansprüche 30 Jahre. Ist die schädigende Handlung gleichzeitig eine Straftat, so tritt die deliktische Verjährung hinter der strafrechtlichen zurück (artt.

---

[30] § 4, VII.

[31] *Mazeaud - Tunc*, Bd. 1, Nr. 329 ff. m. w. N.

[32] Die Voraussehbarkeit richtet sich nach einem objektiven Standpunkt („qu'on a pu prévoir") und bezieht sich nicht nur auf den Schadensumfang, sondern auch auf die „éléments constitutifs" des Schadens (Com. 4. 3. 1965 s. Anm. 28), d. h. auf den Schadensgrund. Der Inhalt der Vertragspflicht ist daher auch bei der Voraussehbarkeit von Wichtigkeit.

[33] *Ripert - Boulanger*, Bd. 2, Nr. 917.

[34] *Mazeaud - Tunc*, Nr. 2, Nr. 1961; *Ripert - Boulanger*, Bd. 2, Nr. 915.

[35] Bei entsprechender Vereinbarung kann dann echte Gesamtschuld vorliegen (artt. 1203 - 1216 CC).

[36] s. Anm. 34; Paris, 18. 2. 1957: J.C.P. 1957, 2, 9944.

637, 638, 640 C inst. crim.), gleichgültig vor welchem Gericht die Ansprüche geltend gemacht werden. Die Verjährungsfrist beträgt dann nicht mehr 30 Jahre, sondern 10, 3 oder1 Jahr, je nachdem, ob ein Verbrechen, Vergehen oder eine Übertretung vorliegt.

Um diese für den Geschädigten nachteilige Koppelung an die strafrechtliche Verjährung zu vermeiden, nahm die Rechtsprechung einen Kunstgriff vor. Die strafrechtliche Verjährung gilt dann nicht, wenn die schädigende Handlung auch eine Vertragsverletzung beinhaltet[37].

Dieser Interpretation ist es mit zu verdanken, daß die o. séc. in eine Reihe von Verträgen eingeführt wurde[38].

Zusammenfassung

Aus der vorstehenden Übersicht geht hervor, daß beide Haftungstypen für den Geschädigten Vor- und Nachteile bieten, so daß ihm am besten gedient wäre, wenn er wie im deutschen Recht beide Haftungsarten für sich in Anspruch nehmen könnte. Zum Teil sind diese Unterschiede allerdings durch die von der Rechtsprechung angebrachten Modifikationen entschärft worden. Für die Frage der Beweislastverteilung spielt es jedoch trotz der Ausweitung der Haftung nach art. 1384 CC und der Verlagerung des Problems auf die Klassifizierung der Pflichten nach o. moy. und o. rés. noch eine Rolle, ob vertragliche Haftung vorliegt, da dadurch den Gerichten eine Möglichkeit gegeben wurde, sich durch die Ausgestaltung der Sicherungspflicht besser an den Einzelfall anzupassen[39]. Ein weiterer Grund für die Haftungsverlagerung wird im Interesse eines einheitlichen Haftungssystems gesehen, dem der Geschädigte unterliegen soll[40].

Im deutschen Recht hingegen war die schwierigere Durchsetzbarkeit der Deliktsansprüche[41] und die enge, kasuistische Umschreibung der Haftungstatbestände mit ein Grund für die Entstehung und Notwendigkeit der Lehre von der positiven Vertragsverletzung[42].

---

[37] Civ. 22. 10. 1928: Sem. Jur. 1928, 193; D.P. 1929, 1, 151 Anm. M.N.

[38] Wesentlich vor allen Dingen bei der Haftung des Arztes, der sich bis dahin immer auf die kurze Verjährungsfrist bei fahrlässiger Körperverletzung berufen konnte (vgl. Concl. *Matter* zu Civ. 30. 5. 1936: D.P. 1936, 1, 88; *Rodière*, Etude sur la dualité, J.C.P. 1950, 1, 861).

[39] Einschließlich der Möglichkeit, durch Konstituierung einer o. moy. der als unangemessen empfundenen Sachhafterhaltung nach art. 1384 CC zu entgehen (vgl. Arzthaftung, § 8, VI).

[40] Juris Classeur, artt. 1146 - 155, Fasc. V, Nr. 68.

[41] Möglichkeit der Exkulpation bei der Gehilfenhaftung (§ 831 BGB), kurze Verjährung (§ 852 BGB), Beweislast für das Verschulden des Schädigers beim Geschädigten.

[42] *v. Caemmerer*, Wandlungen des Deliktsrechts, S. 56.

II. Haftungskonkurrenz

Als Hauptproblem der Dualität stellt sich die Frage nach der Konkurrenz der beiden Haftungsarten. Das franz. Recht unterscheidet terminologisch unter dem Oberbegriff „cumul de responsabilité" (Anspruchskonkurrenz), zwischen „concours de resp.", dem subsidiären Geltendmachen der Ansprüche, und der „option", der Wahl zwischen den Haftungsarten[43].

Weitgehende Einigkeit in Rechtsprechung und Lehre herrscht darüber, daß eine doppelte Verurteilung unmöglich ist[44], daß bei einem Vertrag zu Gunsten Dritter der Dritte auf die ihm zugedachte Vergünstigung verzichten und aus Delikt klagen kann[45] und daß der Geschädigte die Wahlmöglichkeit hat, wenn die „faute contractuelle" gleichzeitig eine „infraction pénale" ist[46].

Obwohl sich die Rechtsprechung vorwiegend von praktischen Erwägungen leiten läßt und kasuistisch jegliche Festlegung vermeidet[47], kann ihr trotz einiger entgegenstehender Entscheidungen[48] entnommen werden, daß sie den „cumul de resp." ablehnt und der Vertragshaftung den Vorzug gibt[49]. Die Kritik eines Teils der Doktrin[50] geht vor allen Dingen dahin, daß die deliktischen Legalobligationen nicht durch den Vertrag aus der Welt geschaffen werden könnten, der Vertrag also infolge der möglichen Freizeichnung kein Freibrief für Schädigungen sein dürfe.

---

[43] Vgl. *Martine*, l'option, S. 51 ff., *Rodière*, „Etude sur la dualité", 2ème partie, J.C.P. 1950, 1, 868.

[44] *Aubry - Rau*, Bd. 6, § 446 Anm. 7; *Lalou*, Nr. 620.

[45] *Lalou*, s. o.; Civ. 19. 6. 1951: D. 1951, 1, 717 Anm. *Ripert*, vgl. § 4, V.

[46] *Lalou*, s. o.; *Aubry - Rau*, s. o.; Req. 27. 7. 1925: D.P. 1926, 1, 5; Crim. 12. 12. 1946: D. 1947, 94; J.C.P. 1947, 2, 3621 kritische Anm. *Rodière*; einschränkend *Demogue*, Anm. S. 1924, 1, 106; *Mazeaud - Tunc*, Bd. 1, Nr. 202.

[47] Vgl. z. B. Req. 11. 11. 1942: Gaz. Pal. 1943, 1, 42; Civ. 1è, 1. 3. 1954: J.C.P. 1954, 2, 8083 Anm. *Esmein*.

[48] Paris, 5 2. 1946: J.C.P. 1946, 2, 3186 1è espèce; Caen, 16. 4. 1947: D. 1949, 5 Anm. *Lalou*; nicht ganz eindeutig: Civ. 2è, 13. 5. 1955: D. 1956, 53 Anm. *Savatier*, J.C.P. 1956, 2, 9246 Anm. *Esmein*; Civ. 1è, 7. 12. 1955: D. 1956, 1, 136.

[49] Req. 21. 1. 1890: S. 1890, 1, 408: "Les artt. 1382 et s. sont sans application lorsqu'il s'agit d'une faute commise dans l'exécution d'une obligation résultant d'un contrat"; Civ. 11. 1. 1922: S. 1924, 1, 104; D. 1922, 1, 16 Anm. *Demogue*; Civ. 22. 7. 1931: D.H. 1931, 506: "Les dispositions des artt. 1382 ne peuvent en principe être convoquées par le réglement de la faute commise dans l'exécution d'une obligation résultant d'un contrat", Req. 8. 3. 1937: J.C.P. 1937, 2, 232 Anm. *Dallant*; Civ. 6. 5. 1946, 2, 3236 Anm. *Rodière*; Civ. soc. 10. 6. 1949: J.C.P. 1949, 2, 5203 Anm. *Esmein*; Civ. I, 30. 10. 1962: D. 1962, 57 Anm. *Esmein*; J.C.P. 1962, 2, 12924 Anm. *Savatier*; dafür auch der Großteil der Literatur, vgl. *Mazeaud - Tunc*, Bd. I, Nr. 147 m. w. N.; ausführlich darüber *Schlechtriem*, Vertragsordnung und außervertragliche Haftung, S. 63 ff.

[50] *Planiol*, Anm. D.P. 1907, 2, 97; *Brun*, Nr. 210; *Aubry - Rau*, 5è éd., Bd. 6, § 446; *Savatier*, Bd. 1, Nr. 148 ff.

Abgesehen davon, daß die vertragliche Haftung den Geschädigten — insbesondere auch durch die Beschränkung der Haftungsklauseln — nicht schutzlos läßt, ist zu berücksichtigen, daß erst durch den Vertragschluß der soziale Kontakt zwischen Schädiger und Geschädigten und damit auch die erhöhte Gefahr für eine Schädigung entstanden ist. Eine Rechtfertigung des „non-cumul" läßt sich auch aus dem Gesetz selbst herauslesen, das i. S. einer lex specialis zu einer lex generalis zwischen den beiden Haftungsarten unterscheidet. Diese Unterschiede wären durch die im Gegensatz zu § 823 BGB nicht auf einzelne Rechtsgüter beschränkte Generalklausel in art. 1382 CC aufgehoben. Ohne Vorzug der vertraglichen Haftung wäre das Prinzip der Vertragsfreiheit nicht gewahrt[51].

Im deutschen Recht kann die vom Reichsgericht[52] aufgestellte, vom BGH[53] fortgesetzte und von der überwiegenden Lehrmeinung[54] gebilligte Lehre von der Anspruchskonkurrenz trotz einiger Gegenstimmen in jüngster Zeit[55] als gefestigt gelten. Danach entstehen beim Zusammentreffen von Vertrags- und Delikthaftung mehrere Ansprüche, die zwar auf dasselbe Ziel gerichtet, grds.[56] aber voneinander unabhängig sind, auch wenn die Erfüllung des einen Anspruchs auch die übrigen erlöschen läßt.

---

[51] *Mazeaud - Tunc*, Bd. 1, Nr. 202; *Aubry - Rau (Esmein)*, 6è éd., Bd. 6, § 446; *Demogue*, Bd. 5, Nr. 1167, 1925; *Lalou*, Nr. 627; *Ripert - Boulanger*, Bd. 2, Nr. 920; Eine gewisse Durchbrechung des Prinzips des „noncumul" erfolgt zum Teil bei den Freizeichnungsklauseln (vgl. dazu kritisch *Cornu*, S. 250 ff.).

[52] RGZ 49, 92; 88, 77; 118, 141.

[53] BGHZ 9, 301; 24, 188; 46, 140.

[54] *Enneccerus - Lehmann*, § 232; *Palandt (Gramm)*, Anm. 2 zu § 823 BGB; *Erman (Drees)*, § 823, 3c; *Blomeyer*, § 89, III; grundlegend *Dietz*, Anspruchskonkurrenz bei Vertrag und Delikt.

[55] *Nikisch*, AcP 154, 271 ff.; *Larenz*, Bd. 2, § 64 VI; *Esser*, § 23 I, die in 1. Linie von den Erfordernissen des Prozesses her argumentieren, nehmen nur einen Anspruch an, auf den grds. sowohl die Normen des Vertrags- als auch des Delikstrechts anwendbar sind (Lehre von der Anspruchsnormen- oder Begründungskonkurrenz [vgl. *Georgiades*, JZ 1967, 217 ff.]); a. A. *Schlechtriem*, S. 57 ff., der sich gegen einen solchen „Einheitsanspruch" ausspricht.

[56] Die h. L. erstreckt die vertraglichen Haftungsbeschränkungen und in bestimmten Fällen auch die vertragliche Verjährungsfrist auf die deliktische Haftung (vgl. *Arens*, AcP 170, 392 ff.); zu den Konkurrenzproblemen bei einzelnen Fallgruppen vgl. *Schlechtriem*, S. 289 ff.

§ 4. Natur und Umfang der obgligation de sécurité

Als vertragliche Nebenpflicht unterliegt die o. séc. dem allgemeinen System der Leistungsstörung, so daß es notwendig ist, kurz auf diesen Begriff einzugehen. Dabei ist zu beachten, daß die o. séc. nicht als irgendeine Nebenpflicht in ein statisches schon vorhandenes Haftungssystem einzuordnen ist, sondern dieses maßgeblich beeinflußt hat[1].

I. Der Begriff der „inexécution" im franz. Recht

Der im CC nicht definierte Zentralbegriff der „inexécution" (Nichterfüllung) erfaßt alle möglichen Arten der Vertragsverletzung, die im deutschen Recht nach Unmöglichkeit, Verzug und positiven Vertragsverletzungen unterschieden werden. Er bedeutet jede Abweichung der erbrachten von der vertragsmäßigen Leistung[2] bzw. jede nicht vertragsmäßige Beeinträchtigung oder Erfüllung des Vertrages.

1. Vertragsinhalt als Maßstab für die vertragliche Haftung

Um die Nichterfüllung feststellen zu können, müssen zunächst die eingegangenen Pflichten genau bestimmt werden[3]. Danach ist die Natur bzw. der Inhalt der Pflicht (o. moy. oder o. rés.) zu ermitteln. Steht der Inhalt der Vertragspflicht z. B. als o. moy. fest — der Schuldner verspricht nur sorgfältiges Verhalten bei der Leistung —, so ist es nur noch eine einfache Tatsachenfeststellung, ob der Schuldner für die Verletzung dieser Pflicht einzustehen hat oder nicht. Denn das Maß der bei der Erfüllung dieser Pflicht zu übenden Sorgfalt ergibt sich aus der Analyse des Vertragsinhalts. Insoweit besteht bei der o. moy. ein von einem Teil der Doktrin noch geleugnete Übereinstimmung von inexécution und faute[4]. Diese rührt daher, daß im franz. Recht die „inexécution", die die Erfüllungs- und Einstandspflicht gleichermaßen umfaßt, von der Inhaltsbestimmung der einzelnen Verpflichtung abhängt[5].

---

[1] Die Unterscheidung zwischen o. moy. und o. rés. ist in ständiger Wechselwirkung mit der Entwicklung der o. séc. entstanden.

[2] "L'inexécution est tout écart entre l'obligation promise et l'obligation effectuée" *Planiol - Ripert*, Bd. 2, Nr. 78.

[3] "... à quoi est obligé le débiteur par le contrat, quel est le contenu du contrat", *Mazeaud - Tunc*, Bd. 1, Nr. 105; *Rodière* in Enzycl. Dalloz, Resp. IV, Nr. 413.

[4] Vgl. dazu § 5 I.

[5] Daher kann man inexécution auch als „manquer du débiteur à la diligence à laquelle il s'était obligé" bezeichnen, so *Mazeaud - Tunc*, Bd. 1, Nr. 660.

Bei den o. rés., wo der Schuldner einen Leistungserfolg verspricht, steht die Nichterfüllung an und für sich schon durch die Tatsache des Nichterreichens des Erfolgs fest. Da der Schuldner nicht sorgfältiges Verhalten, sondern den Erfolg versprochen hat, kommt es daher nicht darauf an, ob er tatsächlich unsorgfältig oder nicht gehandelt hat, da ihn nur der Nachweis der höheren Gewalt entlastet. Auf den Umstand, daß einige Autoren, um die faute zu retten, auch bei den o. rés. von einer Art „diligence" ausgehen, ist bei der Erörterung des Begriffs der „faute contractuelle" noch näher einzugehen.

2. Haupt- und Nebenpflichten

Infolge des einheitlichen Begriffs der Leistungsstörung ist die Frage nach dem Charakter der Vertragspflicht als Haupt- oder Nebenpflicht im Rahmen des Schadenersatzes zweitrangig. Von Bedeutung dagegen ist die Anzahl der Pflichten, die ein Vertrag enthält. Die Bestimmung der Hauptpflichten (obligations essentielles) macht die wenigsten Schwierigkeiten. Sie lassen sich entweder auf den Parteiwillen oder auf das Gesetz („dispositions légales supplétives")[6] zurückführen. Den Parteiwillen hat der Richter im Zweifelsfall festzustellen, wobei er den Gebräuchen und Gewohnheiten der Parteien in ihrem bisherigen Geschäftsverkehr Rechnung zu tragen hat[7]. Probleme können jedoch bei der Bestimmung von Nebenpflichten („obligations accessoires")[8] auftreten, die sich nicht unbedingt aus dem Parteiwillen oder dem Vertrag selbst ergeben. Hierbei spielt art. 1135[9] CC die entscheidende Rolle. Er erlaubt es den Richtern, ähnlich wie im deutschen Recht im Wege der ergänzenden Vertragsauslegung zusätzliche Pflichten in den Vertrag einzuführen. Die o. séc. ist das hervorragende Beispiel dafür.

II. Allgemeine Bestimmung der obligation de sécurité

1. Die o. séc. als Produkt der richterlichen Rechtsbildung

Die richterliche Rechtsbildung ist im franz. Recht im Gegensatz zu einer gewissen Zurückhaltung im deutschen Recht[10] allgemein als ein funktionell normaler und notwendiger Teil der Rechtsatzbildung anerkannt[11].

---

[6] z. B. artt. 1641 ff. CC (Sachmängelgarantie).

[7] Vgl. *Mazeaud - Tunc*, Bd. 1, Nr. 169.

[8] "Elles ne sont pas nécessaires à l'existence même du contrat et ne se trouvent pas toujours dans tous les contrats de type", Juris Classeur Civ., artt. 1146 - 1155 CC, Fasc. V, Nr. 64.

[9] "Les conventions obligent non seulement à ce qui est exprimé, mais encore à toutes les suites que l'équité, l'usage ou la loi donnent à l'obligation d'après sa nature."

[10] Vgl. *Enneccerus - Nipperdey*, Allg. Teil (1955), § 42, 1 „Rechtsprechung als solche keine Rechtsquelle", *Enneccerus - Lehmann*, Allg. Teil, § 3 IV; ausführ-

Obwohl das franz. Recht auf dem Grundgedanken der Gewaltenteilung Montesquieu's beruht[12] und als Nachfahre des röm. Rechts dem Gedanken der Privatautonomie verpflichtet ist, hat sich schon recht bald die Auffassung durchgesetzt, daß der Richter bei Schweigen oder Ungenügen des Gesetzes gegenüber wirtschaftlichen und sozialen Veränderungen als „legislateur des cas particuliers"[13] fungieren kann. Über die klärende Interpretation mittels Grundsatzentscheidungen hinaus soll er die Möglichkeit haben, den Gesetzesbereich zu verändern bzw. zu erweitern[14]. Neben der Ausweitung des art. 1384 CC ist die o. séc. eine der Hauptschöpfungen dieser Rechtsbildung, sei es, daß man für sie die prätorische Macht des Richters im Sinne einer Supplierung und Korrektur des materiellen Rechts[15] oder die normative Kraft der judiziellen Interpretation in Anspruch nimmt.

2. Begründung der o. séc.
(Parteiwille oder „forçage du contrat")

Ungeachtet der prinzipiellen Anerkennung dieser Neuschöpfung herrscht Streit über ihre Ableitung und ihre Kriterien.

Ausgehend von der vertraglichen Natur dieser Nebenpflicht versuchen einige Autoren[16], sie mit dem Parteiwillen in Einklang zu bringen bzw. auf ihn zurückzuführen. Denn jede Verletzung einer Pflicht, welche nicht durch die Vereinbarung der Vertragspartner zustande gekommen ist oder durch die gesetzlichen Vertragsregeln bestimmt ist, wäre nur eine Verletzung der allgemeinen deliktischen Sorgfaltspflicht („devoir générale de prudence et de diligence"). Eine ausdrückliche Vereinbarung der Parteien liegt in der Regel nicht vor, so daß der Richter, indem er eine solche Pflicht anerkennt, allenfalls den stillschweigenden Willen der Par-

---

lich zu dem Problem: *Less*, Vom Wesen und Wert des Richterrechts, 1954; *Esser*, Grundsatz und Norm in der richterlichen Fortbildung des Privatrechts, Kap. II.

[11] *Marty*, Le rôle du juge, in Travaux de l'Association H. Capitant, Paris 1950; *Ripert*, Le régime démocratique et le droit civil moderne, S. 235 ff.; La règle morale dans les obligations civ., S. 27 f.; *Lampert*, La fonction du droit civ. comparé, Bd. 1, 1933, S. 208: "La jurisprudence française au 19è et 20è siècles a été vraiment créatrice du droit ... qui en permettant au CC de s'adapter à l'évolution nécessaire, a donné sa vraie physionomie du droit français."

[12] z. B. art. 5 CC.

[13] *Ripert*, La règle morale, S. 27.

[14] "Les éléments purement formels et logiques ... (erg. de la loi écrite) sont insuffisants à satisfaire à la désiderata de la vie juridique. D'où résulte la conséquence inévitable, que la jurisprudence doit chercher, en dehors et au dessus de ces éléments, les moyens de remplir toute sa mission", Fr. Gény, Methodes, S. 234.

[15] So wohl *Goldschmidt*, S. 183 für die o. séc.

[16] *Mazeaud*, Responsabilité civ., 4. Aufl., Bd. 1, Nr. 15; *Brun*, Nr. 177 - 181.

teien interpretieren würde. Eine solche Interpretation entspräche aber
nicht der Wirklichkeit, sondern würde gerade dem mutmaßlichen Willen
der Parteien zuwiderlaufen. Denn der Schuldner, der einer o. séc. unterliegt, hat regelmäßig gerade nicht die Absicht, eine solche Verpflichtung
einzugehen[17]. Es ist daher verfehlt, die o. séc. aus dem Parteiwillen herleiten zu wollen. Dennoch spricht die Unfreiwilligkeit der Verpflichtung
nicht gegen eine Vertragspflicht. Einerseits sieht der CC wie das BGB für
jeden Vertragstyp bestimmte Pflichten vor. Andererseits kann jeder Vertrag im franz. Recht eine Reihe von Nebenpflichten enthalten, welche entweder auf das Gesetz (loi), die Billigkeit (équité) oder den Brauch (usage)
zurückgehen und nicht ausdrücklich formuliert sein müssen, aber gemäß dem eingegangenen Vertragstypus zu seinem Inhalt gehören (art.
1135 CC)[18]. Diese „obligations impératives" werden dadurch, daß es den
Parteien freigestellt ist, den Vertrag abzuschließen, zu Vertragspflichten
und bilden mit den freiwillig vereinbarten Pflichten das Gesamtkonzept
des Vertrages[19]. Die franz. Gerichte, die seit jeher für sich in Anspruch
nahmen, den Umfang des Vertrages mehr oder minder frei zu bestimmen,
ermitteln eine o. séc., sobald es ihnen nach einer eingehenden Analyse
der vertraglichen Beziehung hinsichtlich seiner wirtschaftlichen, sozialen
oder berufskategorischen Komponente gerechtfertigt erscheint. Hiermit
liegt die o. séc. auf derselben Ebene wie die „obligations légales stricto
sensu", so daß man sie, ausgehend von dem Richter als „legislateur des
cas particuliers"[20], ebenfalls zu den „obligations légales" im weiteren
Sinne zählen kann[21].

3. Allgemeine Kriterien der obligation de sécurité

Welche Kriterien die Rechtsprechung zur Entstehung der o. séc. im
einzelnen zugrunde legt, hängt im wesentlichen von der Natur des Ver-

---

[17] "La jurisprudence a considérablement étendu le domaine de la resp.
contr., n'hésitant pas à *forcer* le cercle du contrat pour y faire entrer une
o. séc. que les contractants n'avaient sans doute pas songés à y conclure", M. M.
Mazeaud, Leçons, Bd. 2, Nr. 402; ebenso *Marty - Raynaud*, Bd. 2, Nr. 216:
"L'interprétation n'est qu'un prétexte, il y a dans cette jurisprudence, qui
peut se fonder sur l'art. 1135, la consécration d'une règle objective sur les effets
de certaines catégories de contrat."
Daran knüpft *Josserand* (in Recueil, Gény, S. 340, 364) seine Kritik an,
indem er — einseitig am Parteiwillen festhaltend — von einer unzulässigen
„forçage du contrat" spricht. *Mazeaud - Tunc*, Bd. 1, Nr. 151 unterscheiden
zwischen der o. séc. beim Transportvertrag, die noch auf dem Willen der
Parteien beruht, und den übrigen o. séc., die sie von art. 1135 CC herleiten.
[18] Vgl. im deutschen Recht § 242 BGB.
[19] *Demogue*, Observations Rev. tr. 1923, 657; *Mazeaud - Tunc*, Bd. 1, Nr. 171;
Savatier, Bd. 1, Nr. 110, 130.
[20] Vgl. oben Anm. 13.
[21] Im gleichen Sinn: Juris Classeur, Resp. civ. artt. 1146 - 1155, fasc. V, Nr. 55;
Becqué, La protection, S. 140 ff., 159 ff.; *Ripert - Boulanger*, Bd. 2, Nr. 917;
Lalou, Anm. D.P. 1936, 2, 14; *Goldschmidt*, S. 183.

trages ab. Grundidee ist der von der „équité" ausgehende Grundsatz, daß bei allen Verträgen, in denen der Vertragspartner besonders gefährdet ist, sich also der Vertrag nicht ohne Garantie der Sicherheit verstehen läßt, der Schutz des Vertragspartners auch vertraglich gewährleistet sein muß. Dies wird mit der die Beweislast auf den Schädiger abwälzenden o. séc. rés. erreicht. Ist die Sicherungspflicht jedoch nur allgemeiner Art, so ist sie grundsätzlich nur eine gesetzliche Verpflichtung („obligation préexistante"), deren Verletzung die deliktische Haftung nach artt. 1382 ff. CC nach sich zieht[22].

Ausgangspunkt und Musterfall einer solchen die Sicherheit des Vertragspartners betreffenden Vertrages ist der Transportvertrag, von dem die Verpflichtung, „restituer le contractant sain et sauf au lieu de sa destination", nicht mehr wegzudenken ist. Ebenfalls ein Beförderungselement enthalten weitere Verträge, denen im Anschluß an ihn ebenfalls eine o. séc. beigefügt wurde. Dazu gehören die Beförderung mit Skiliften und die Teilnahme an mechanisch betriebenen Jahrmarktsvergnügen.

Gemeinsames Merkmal der o. séc. bei der Gruppe der Gast- und Krankenhausaufnahmeverträge, der Verträge bei Veranstaltungen oder bei der praktischen Sportausübung ist das Verwahrungselement. Bei diesen erst später von der Rechtsprechung entwickelten o. séc., die in der Regel nur eine o. moy enthalten, sollte offensichtlich der Siegeszug der o. séc. rés. gestoppt[23], gleichzeitig aber im Interesse eines einheitlichen Haftungssystems die Vertragshaftung erweitert werden.

Eine Sonderrolle nehmen der Arztvertrag und der Kaufvertrag ein. Beim Arztvertrag fällt die klassische o. séc. unabhängig von den teilweise davon unterschiedenen sonstigen Nebensicherungspflichten mit der Hauptpflicht zusammen. Beim Kaufvertrag dagegen, der sicherlich primär kein Vertrag ist, der den Schutz der Person zum Inhalt hat, wird das Bestehen einer o. séc. überhaupt bestritten[24].

Eine Analyse der Verträge ergibt ein weiteres gemeinsames Charakteristikum. Der Schuldner einer solchen o. séc. ist mit Ausnahme des speziellen Falls des Arztvertrags immer ein Unternehmer („exploiteur professionel"). Daher scheint es nicht verfehlt, die „exploitation professionnelle" als ein wichtiges Indiz der o. séc. anzusehen[25] und als Antwort

---

[22] *Mazeaud - Tunc*, Bd. 1, Nr. 160; diese allgemeine gesetzliche Verpflichtung wird heute vielfach als o. séc. moy. zu den Vertragspflichten gerechnet.

[23] *Rodière*, J.C.P. 1948, 2, 4032; 1952, 2, 7275; 1957, 2, 9915; Blin, J.C.P. 1954, 2, 8331; *Esmein*, J.C.P. 1957, 2, 9953.

[24] s. unten § 8 VII, 2. Teil.

[25] So auch *Goldschmidt*, S. 129; *Becqué*, S. 169; *Viney*, Le déclin de la responsabilité, S. 274; anders die überwiegende Doktrin, die dieses Merkmal nur als ein Anhängsel ohne Rücksicht auf die Qualität des Schuldners ansieht. (*Mazeaud - Tunc*, Bd. 1, Nr. 150 - 164; *Savatier*, Nr. 130 - 138; *Lalou*, Nr. 409; *Ripert*, Le régime, Nr. 170).

zu werten, die eine ihrer rechtspolitischen Verantwortung bewußte
Rechtsprechung auf die Forderung nach einer gerechteren Verteilung der
sozialen Lasten gefunden hat[26].

Weitere Kriterien, wie z. B. die passive Rolle des Gläubigers gegenüber einer dynamischen, auf einem aktiven Tun des Schuldners beruhenden Gefahr oder der Aufenthalt des Gläubigers in den vom Schuldner
beherrschten Räumlichkeiten, gelangen bei der Einteilung der o. séc. in
o. moy. oder o. rés. Bedeutung. Denn die Tatsache, daß in manchen Verträgen der Geschädigte seine volle Bewegungsfreiheit behält und somit
selbstverantwortlich sein kann, läßt nicht die o. séc. als solche hinfällig
werden, sondern entscheidet nur darüber, ob eine Verschuldensvermutung mit Beweislastumkehr gerechtfertigt ist oder nicht.

III. Abgrenzung der o. séc. von den Gewährleistungspflichten und den übrigen die persönliche Sicherheit betreffenden Hauptpflichten

Um Mißverständnisse zu vermeiden, muß die o. séc. als zusätzliche
Vertragspflicht im Verhältnis zu den anderen Pflichten, die ebenfalls die
Sicherheit des Vertragspartners betreffen, abgegrenzt werden.

Speziell im Gesetz geregelt und daher nicht Gegenstand der Arbeit
sind die Sicherungspflichten (hinsichtlich von Sachen) beim Verwahrungsvertrag (art. 1245 CC)[27], Gastaufnahmevertrag (artt. 1947, 1952 CC),
Leihvertrag (art. 1880 ff. CC) und Transportvertrag (art. 1784 CC). Der
Schuldner ist jeweils zur Rückgabe der Sache im unversehrten Zustand
i. S. einer o. rés. verpflichtet[28].

Zu unterscheiden sind ferner die besonderen Gewährleistungspflichten bei Kauf (artt. 1645 ff. CC), Miete (artt. 1719, 1721 CC) und Hinterlegung (art. 1947 CC), die grds. auch die Mangelfolgeschäden erfassen[29].

---

[26] Vgl. *Josserand*, Anm. D. 1929, 1, 17; La personne humaine dans le commerce
juridique, D.H. 1932, Chron. 4; L'essor moderne du concept contr., Recueil
Gény, Bd. 2, S. 333; *Esmein*, l'obligation et la resp. contr., Mélanges G. Ripert,
Bd. 2, S. 101.

[27] Bzgl. der Sachaufbewahrung bei Veranstaltungen, Restaurants etc. nimmt
die Rechtsprechung einen stillschweigenden Verwahrungsvertrag an, vgl.
Req. 27. 11. 1934 u. 31. 5. 1938: D.H. 1938, 451; Paris, 21. 10. 1949: D. 1950, 758;
ebenfalls hinsichtlich der eingebrachten Sachen des Arbeitnehmers, Civ. 13. 7.
1954: Bull. Cass. 1954, III, Nr. 268, S. 263; Eine „o. séc. quant aux biens" nehmen
dagegen an, Paris 9. 2. 1956: D. 1956, 701; S. 1957, 11; Trib. civ. Seine 30. 3. 1950:
Gaz. Pal. 1950, 1, 249, vgl. auch *Brunet*, Gaz. Pal. 1952, 1, 24 ff.

[28] Über die Schwierigkeiten einer Abgrenzung zu einer evtl. bestehenden
o. séc. vgl. 2. Teil § 8 VII.

[29] *Mazeaud - Tunc*, Bd. 1, Nr. 163; übereinstimmend zum deutschen Recht
vgl. *Stoll*, Beweislastverteilung, S. 540.

Obwohl der Werkvertrag („contrat d'entreprise")[30] keine gesetzlichen Gewährleistungspflichten kennt, gilt im franz. Recht der Grundsatz, daß der Werkunternehmer für Schäden, die infolge der Mangelhaftigkeit des Werkes („resp. pour malfaçon") beim Besteller entstehen, i. S. einer o. rés. einzutreten hat[31]. Davon sind die Schadensfälle zu unterscheiden, die nicht von einem Mangel des Werkes herrühren, sondern der Verletzung einer teilweise anerkannten „o. séc. quant aux biens" zuzurechnen sind[32].

Die in § 618 BGB aufgestellte Fürsorge- und Sicherungspflicht des Arbeitgebers hat im CC bei dem aus der „louage de service" entstandenen „contrat de travail" keine Entsprechung. Die daher notwendige Entwicklung einer o. séc. wurde durch das Arbeitsunfallgesetz von 1898 vorweggenommen, in dem die Arbeitsunfälle i. S. einer Risikohaftung geregelt wurden[33]. Seit 1956 ist der ganze Komplex der Sozialversicherung zugewiesen[34].

IV. Schädigungen gelegentlich der Ausführung eines Vertrages

Ein anderes Abgrenzungsproblem (zur deliktischen Haftung) wird zum Teil noch bei der vor allem im deutschen Recht im Rahmen der Haftung für Hilfspersonen[35] relevanten Frage gesehen, nämlich ob eine Schädigung „à l'occasion d'un contrat" noch unter die vertragliche Haftung fällt. Über die Auslegung dieses Kriteriums herrscht, besonders wegen der Widersprüchlichkeit der Rechtsprechung, weitgehend Uneinigkeit.

Einige Autoren[36] lassen ein „lien occasionel" zwischen Schaden und Vertrag, d. h. eine gelegentlich eines Vertrages vorgenommene Schädigung genügen. Denn der Vertrag sei notwendige Ursache der Schädigung,

---

[30] Das franz. Recht, welches den Werkvertrag nicht als selbständige Vertragsart ansieht, unterscheidet unter dem Oberbegriff „louage d'ouvrage et d'industrie" (artt. 1710, 1769 CC) eine Gruppe von Verträgen, die sowohl dienst- als auch werkvertragliche Elemente enthalten.

[31] *Mazeaud - Tunc*, Bd. 3, Nr. 1377; Mangelfolgeschäden bei Werklieferungsverträgen fallen unter die kaufvertraglichen Regelungen (vgl. Civ. 20. 3. 1873: D. 1877, 1, 140).

[32] z. B. Civ. 16. 1. 1961: J.C.P. 1951, 2, 6163 Anm. *Rodière* (Stute geht nach dem Beschälen ein).

[33] Für die Unternehmerhaftung genügte der Nachweis eines Unfalls.

[34] Art. 466 ff. Code de la sécurité sociale; Vorschriften über die Sicherheit des Arbeitnehmers finden sich auch in art. 65 C trav., Buch 2.

[35] Das schuldhafte Verhalten der Hilfsperson muß „bei" der Erfüllung einer solchen Pflicht, gerade in Wahrnehmung der ihr übertragenen, zum Pflichtenkreis des Schuldners gehörden Obliegenheit, d. h. in „inneren Zusammenhang" mit ihr und nicht nur gelegentlich derselben gezeigt worden sein (*Larenz*, Bd. 1, § 19, IV w. m. N.).

[36] *Demogue*, Bd. 5, Nr. 1243; *H. L. Mazeaud*, Rev. tr. 1956, 344, Nr. 32.

da sie sich ohne diesen höchstwahrscheinlich nicht ereignet hätte. Der Vertrag vervielfache die Schädigungsmöglichkeiten, so daß es nur natürlich sei, solche Schadensfolgen der vertraglichen Haftung zu unterstellen. Mit Recht wird diese Auffassung als zu weitgehend zurückgewiesen, denn dadurch würde z. B. der Mieter die Ohrfeige vertraglich verantworten müssen, die er dem Vermieter anläßlich einer Diskussion verabreicht. Vielmehr wird als Bedingung der vertraglichen Haftung nicht nur ein „lien de fait", sondern ein „lien juridique" verlangt[37].

Maßgeblich ist wieder die Vertragsinhaltbestimmung, denn das „lien juridique" wird durch das Auffinden einer o. séc. gebildet. Die Abgrenzungsschwierigkeiten werden dadurch allerdings nicht beseitigt. Ob z. B. ein Installateur, der bei Schweißarbeiten fahrlässig einen Brand verursacht oder eine Blumenvase zerbricht[38], deliktisch oder vertraglich haftet, wird unterschiedlich beurteilt. Teilweise werden die Brandfolgen noch der vertraglichen Haftung unterstellt, da der Brand auf einer Schlechtausführung der Arbeit beruhe, während die zerbrochene Vàse mit den vertraglichen Pflichten als solchen nichts zu tun habe[39].

Die Rechtsprechung scheint in derartigen Grenzfällen eher einer deliktischen Haftung zuzuneigen, so daß sie zwangsläufig eine o. séc. ablehnen muß[40].

V. Begünstigte der obligation de sécurité

Grundsätzlich kann der am Vertrag selbst nicht beteiligte mittelbar Geschädigte keine vertraglichen Ansprüche stellen[41].

---

[37] *Brun*, Nr. 202; *Mazeaud - Tunc*, Bd. 1, Nr. 145 - 149, vgl. die Ähnlichkeit zum „innerer Zusammenhang" im deutschen Recht (Anm. 35).

[38] Trib. civ. Seine 18. 2. 1949: D. 1949, 328.

[39] *Mazeaud - Tunc*, s. o., der selbst dieses Kriterium als zweifelhaft hinstellt, da die zerbrochene Vase ebenfalls der Schlechtausführung zugerechnet werden könnte; generell für eine vertragliche Haftung dagegen *H. L. Mazeaud*, Observations, Rev. tr. 1956, 344, Nr. 32: "nous préférons donc que fût nettement posé en principe que le dommage que l'un des contractants peut causer à l'autre, à l'occasion de l'exécution du contrat, est d'ordre contractuelle."

[40] Besançon 19. 10. 1950: D. 1951, som., 56 (Vernichtung des Materials eines für den Hausbesitzer arbeitenden Bauunternehmers durch einen vom Hausbesitzer verursachten Brand); Civ. 1è, 28. 3. 1955: Bull. Civ. 1, Nr. 139, S. 115 (Brand einer Scheune durch den Traktor eines Zulieferers); Civ. 2è, 13. 5. 1955: D. 1956, 53 Anm. Savatier (mangelhaft gefüllte Gasflasche explodiert, Verkäufer wird verletzt); Civ. 2è, 13. 5. 1969: Gaz. Pal. 1969, 2, 285, Anm. Rabinovitch (Skischüler verletzt Skilehrer); a. A. Civ. 1è, 7. 12 .1955: J.C.P. 1956, 2, 9246; Civ. 1è, 17. 3. 1969: D. 1969, 532 (Bauunternehmer hebt auf Anweisung des Bauherrn Grube aus; Explosion infolge Berührung des Gasrohres, von dessen Existenz der Bauherr wußte).

[41] Art. 1165 CC; vgl. *Wahl*, S. 207 ff., 185 ff.; *Ferid*, 2E, 35 ff.; *Planiol - Ripert (Esmein)*, Bd. 6, Nr. 352 f. Die Inanspruchnahme der o. séc. vom unmittelbar Geschädigten im Rahmen eines Vertrages mit Schutzwirkung Dritter wird i. Ggs. zum deutschen Recht aufgrund der personenbezogenen besonderen Struktur der o. séc. nicht diskutiert.

Ob auch Dritte Nutznießer einer o. séc. sein können, wurde von der Rechtsprechung bisher nur an Hand des Transportvertrages behandelt.

Um den Angehörigen des bei einem Transport ums Leben gekommenen Fahrgastes die Vorteile einer o. séc. rés. zu Gute kommen zu lassen[42], interpretierte die Cour de Cassation[43] in den Transportvertrag eine „stipulation pour autrui tacite" zugunsten der Angehörigen hinein[44]. Von der Doktrin wurde die richterliche Konstruktion heftig angegriffen[45]. In der Tat fehlt abgesehen von der dem Willen der Parteien fremden Ausdehnung des Vertrages die genaue Bestimmung des Drittberechtigten als wesentliches Element des Vertrages zugunsten Dritter. Später beschränkte die Cour de Cassation die Drittwirkung auf die gesetzlichen Unterhaltsberechtigten des Geschädigten[46]. Nicht zuletzt wegen der vehementen Kritik gab die Cour de Cassation dann später diese Konstruktion de facto auf[47]. Denn angesichts der beim Seetransport für gültig erachteten Freizeichnungsklauseln[48] hatte sich diese Lösung für die Angehörigen als Danaergeschenk erwiesen, da sie im Falle einer solchen Klausel infolge des Prinzips des „non-cumul" leer ausgingen. Daher entschied das höchste Gericht, daß die Angehörigen in diesem Fall ihren Anspruch auf art. 1384 CC stützen können, indem sie auf den infolge der Drittberechtigung erworbenen Vertragsanspruch verzichteten.

In allen anderen Fällen, in denen ein Dritter eine daneben auf der Vertragsverletzung beruhende Schädigung geltend macht, wird allgemein anerkannt, daß sich eine „faute commise dans l'exécution d'une obligation contr." gegenüber Dritten zur deliktischen faute verdoppeln kann[49].

---

[42] Davon zu unterscheiden ist der Anspruch, den die Angehörigen des Getöteten haben können, falls dieser nicht sofort verschieden war. Hierbei handelt es sich um einen übergegangenen fremden Anspruch, nicht um einen eigenen Anspruch der Angehörigen.

[43] Civ. 6. 12. 1932: S. 1934, 1, 81 1è esp. Anm. *Esmein*, D.P. 1933, 1, 137; Civ. 24. 5. 1933 s. o.; zuvor schon Trib. civ. Bourgoin 8. 10. 1920: D.P. 1922, 2, 25 Anm. *Rouast*.

[44] Trotz des verschiedenen Ausgangspunkts (vgl. Anm. 41) besteht eine gewisse Parallele zu der von der deutschen Rechtsprechung entwickelten Figur der stillschweigend vereinbarten Drittberechtigung in fürsorglichen Verträgen (Vertrag mit Schutzwirkung Dritter).

[45] "Cette stipulation pour autrui est purement imaginaire et la construction juridique est bien hasardeuse pour un médiocre résultat", *Josserand*, Anm. D.P. 1929, 2, 161; ebenso *Esmein, s. o.; Mazeaud - Tunc*, Bd. 1, Nr. 141; *Rodière*, La dualité, J.C.P. 1950, 1, 861, Nr. 17, 18.

[46] Civ. 24. 5. 1933 s. o. (Anm. 43): "envers lesquelles le victime était tenu d'un devoir d'assistance par un lien légal."

[47] Com. 19. 5. 1951: D. 1951, 717 Anm. *Ripert;* Com. 23. 1. 1952: J.C.P. 1952, 2, 6869; Civ. 2è, 23. 1. 1959: D. 1959, 281.

[48] Vgl. unten § 4 VII.

[49] Civ. 22. 7. 1931: Gaz. Pal. 1931, 1, 683; D.H. 1931, 506 (Klage der Witwe eines Arbeiters gegen den Hersteller einer dem Arbeitgeber gelieferten fehlerhaften Azetylenflasche); Req. 8. 3. 1937: Gaz. Pal. 1937, 1, 917; D. 1938, 1, 76 Anm.

Dabei handelt es sich jedoch nicht um eine Erweiterung des vertraglichen Schutzbereichs, sondern um eine Konkretisierung der deliktischen Sorgfaltspflicht aus der Zielrichtung fremden Vertrages[50]. Eine Drittwirkung von Freizeichnungsklauseln tritt i. Ggs. zum deutschen Recht folglich nicht ein.

VI. Zeitliche Dauer der obligation de sécurité (Änderungen des Obligationsinhalts)

Die Zeitspanne, in der der Schuldner den Schutz der o. séc. genießt, bestimmen grds. Vertragsschluß und Vertragsende. Schwierigkeiten im Einzelfall bietet jedoch die genaue Bestimmung des Vertragsbeginns und die Qualifizierung der dem Vertrag unmittelbar vorausgehenden Situation.

Im deutschen Recht wird von der h. L.[51] im Anschluß an den sog. Linoleumfall[52] angenommen, daß aus der Tatsache des Eintritts in die Vertragsverhandlungen auch solche Schutz- und Erhaltungspflichten resultieren, die mit dem konkreten Inhalt des erstrebten Vertrages nichts zu tun haben. Unter diesem Schutz der „vorvertraglichen Beziehungen" steht insbesondere die körperliche Unversehrtheit des anderen Partners, so daß die bislang unbefriedigt gelösten Warenhaus- und Gasthausfälle nach der strengeren Vertragshaftung behandelt werden konnten.

Demgegenüber nimmt das franz. Recht in den Fällen der „période pré- et postcontractuelle" grds. deliktische Haftung an[53]. Das Institut der c. i. c. wird in der Überzeugung, daß das weitergefaßte deliktische Haftungssystem des franz. Rechts diesen Fällen besser gerecht wird[54] als eine pure Fiktion verworfen[55].

Savatier (Klage der Witwe des Käufers eines Kfz. gegen den Hersteller); Req. 7. 10. 1940: Gaz. Pal. 1940, 2, 64 (gleicher Sachverhalt wie vorstehend); Civ. 4. 3. 1948: D. 1948, 335 (Witwe eines Arbeiters klagt gegen Hersteller der Kette eines Krans).

[50] *Mazeaud - Tunc*, Bd. 1, Nr. 144 - 3; *Lorenz*, JZ 1960, 108 (112 - 3).

[51] *Larenz*, Bd. 1, § 7, II m. w. N.; *Palandt*, Anm. 6c zu § 276 BGB; *Enneccerus - Lehmann*, § 43 III.

[52] RGZ 78, 239; bestätigend RGZ 151, 358 und BGH NJW 1962, 31 (Bananenschalenfall).

[53] *Mazeaud - Tunc*, Bd. 1, Nr. 118 ff.; vgl. *Nirk*, Rechtsvergleichendes zur Haftung für c. i. c., RabelsZ 1953, 350.

[54] Unberücksichtigt bleibt dabei die ja gerade für die Einführung der o. séc. rés. angeführte vorteilhaftere Beweislastverteilung. Denn konsequenterweise müßte diese auch im vorvertraglichen Bereich bejaht werden. Anscheinend scheint hier das franz. Zivilrecht vor einer weiteren Ausdehnung der Vertragshaftung als mit deren Prinzipien unvereinbar zurückzuschrecken, die es schon zum Teil bei der o. séc. verletzt glaubt. Allerdings fehlt dem CC die im deutschen Recht so schädliche Antinomie zwischen § 278 und § 831 BGB; vgl. *Serick*, Rev. int. dr. comp. 1955, 561.

[55] "La responsabilité contractuelle est une resp. d'exception; elle ne peut donc jouer que s'il y a contrat proprement dit; or, qui dit contrat dit accord de

Eine gewisse Ausnahme schien die Cour de Cassation[56] zunächst bei Verträgen mit Warenhäusern und Selbstbedienungsläden gemacht zu haben, als sie das Vorliegen einer o. séc. bereits vor Abschluß des Kaufvertrages bejahte. Wenige Zeit später revidierte auch sie ihre Auffassung[57] und löst seitdem diese Fälle im Gegensatz zum deutschen Recht nach deliktsrechtlichen Haftungsvorschriften.

Da dieser Komplex mit der Diskussion über das Bestehen einer o. séc. beim Kaufvertrag überhaupt zusammenfällt, wird später[58] darauf eingegangen werden.

Der Ablehnung der o. séc. beim Kaufvertrag im vorvertraglichen Stadium wird der allgemeinen Tendenz im franz. Recht folgend zum Teil prinzipielle Bedeutung beigemessen[59], obwohl sich die Cour de Cassation, soweit ersichtlich, im Rahmen anderer Verträge nicht mit diesem Problem befaßt hat[60].

Der Zeitpunkt des Vertragsschlusses und damit der Beginn und das Ende des vertragsmäßigen Schutzes durch die o. séc. ist vor allen Dingen beim Transportvertrag bestritten: Unterschiede ergeben sich je nach der Art des benutzten Beförderungsmittels (Eisenbahnen, Bus oder Métro).

Bei ersteren (Eisenbahnen) ließ eine bisher konstante Rechtsprechung[61] den Vertrag mit der o. séc. in dem Moment entstehen, in dem der Fahrgast nach Entwertung der Fahrkarte an der Sperre zum Betreten des eigentlichen Bahnhofgeländes autorisiert wird[62]. Die strenge o. séc. mit

---

volonté, l'engagement unilatéral, bien qu'il soit comme l'engagement contractuel n'est pas cependant un contrat", *Mazeaud - Tunc*, Bd. 1, Nr. 119; davon ist der „avant-contrat" zu unterscheiden, wo eine wirkliche dem Vertrag vorangehende Willensübereinstimmung stattgefunden hat.

[56] Civ. 1è 20. 12. 1960: J.C.P. 1961, 2, 1231 (Käufer im Warenhaus wird durch Stuhl verletzt, den ein Kind von der Balustrade wirft).

[57] Civ. 1è, 17. 11. 1961: D. 1962, 147 Anm. *Esmein;* Civ. 2è, 19. 11. 1964: J.C.P. 1965, 2, 14022 Anm. *Rodière*, D. 1965, 93 Anm. *Esmein:* "En vain soutiendrait-on qu'indépendamment de toute vente, le commerçant contracte une o. séc. à l'égard de toute personne qui pénètre dans les lieus affectés du commerce qui est susceptible de se livrer à des achats."

[58] Vgl. 2. Teil, § 8 VII.

[59] *Rodière*, Anm. J.C.P. 1965, 2, 14022, Nr. 9; Rev. tr. 1965, 622.

[60] In gleichgelagerten Fällen, in denen eine o. séc. angenommen wurde, lag der Unfall nach Vertragsschluß. Req. 6. 1. 1947: D. 1947. 210; Gaz. Pal. 1947, 1, 119 (Café); Civ. 17. 3. 1947: D. 1947, 269; Gaz. Pal. 1947, 1, 214 (Festsaal); Civ. 9. 1. 1959: D. 1959 somm. 66; Gaz. Pal. 1959, 1, 292 (Thermalbad); Civ. 17. 7. 1961: D. 1961, 647; 16. 1. 1962: D. 1962 somm. 106 (Badeanstalt).

[61] Civ. 28. 2. 1923: D. 1923, 1, 209; 6. 7. 1925: D. 1925, 1, 253 Anm. *Roger;* 25. 1. 1934: D. 1934, 1, 85; 10. 10. 1955: Gaz. Pal. 1955, 2, 419.

[62] Angers 24. 5. 1951: D. 1951, 460: "Ou, muni d'un billet, le voyageur a été autorisé à pénétrer à l'intérieur de la gare de départ"; ebenso Civ. 12. 2. 1964: D. 1964, 358; Konsequenterweise wurde einem Fahrgast, der seine Fahrkarte nicht lochen ließ, der Schutz einer o. séc. verweigert (Civ. 17. 5. 1961: D. 1961,

ihrer Verschuldensvermutung lastete also auf der Transportgesellschaft bereits vor dem eigentlichen Transportvorgang. Diese Ausweitung des strengen Schutzes des Fahrgastes auf den Bereich außerhalb des eigentlichen Beförderungsvorgangs wurde — vom Ausgangspunkt der o. séc. her gesehen konsequent — heftig angegriffen[63]; denn der innere Teil des Bahnhofsgeländes unterscheidet sich kaum von dem übrigen Bahnhofsgelände, wo der Fahrgast trotz des Fahrkartenkaufs nicht dem Schutz der o. séc. unterliegt. Die Gefahr auf den Bahnsteigen mag zwar durch das Ein- und Ausfahren der Züge erhöht sein, die Bewegungsfreiheit des Fahrgastes dagegen bleibt ungeschmälert.

Gerade aber in jüngster Zeit änderte die bisher einmütige Rechtsprechung, diesen Argumenten Rechnung tragend, ihren Standpunkt[64]. Die zeitliche Dauer des Vertrages und damit der o. séc. wird zwar nicht verkürzt, jedoch die strenge Haftung einer o. séc. rés. entsteht erst mit dem Besteigen der Eisenbahn, während vorher nur eine o. séc. moy. auf der Eisenbahngesellschaft lastet[65]. Hinfort muß daher zwischen drei Haftungslagen unterschieden werden: Unfall während des eigentlichen Transportvorgangs (o. séc. rés.); Unfall im Innern des Bahnhofsgeländes (o. séc. moy.[66]); Unfall außerhalb des inneren Bahnhofsbereichs, aber nach Kauf der Fahrkarte (deliktische Haftung nach Artt. 1382 ff. CC)[67].

---

532); Im deutschen Recht entsteht die Vertragshaftung bereits mit dem Betreten des Bahnhofsgeländes zwecks Fahrtantritts, da der Beförderungsvertrag mit dem Lösen der Fahrkarte geschlossen wird (*Wussow*, Nr. 895).

[63] *Brun*, Nr. 197; *Rodière*, Droit de transport, Bd. 3, Nr. 1188: "On ne peut pas faire coincider l'étendu de cette obligation avec la durée du contrat de transport", J.C.P. 1952, 1, 947; *Bigot*, Anm. J.C.P. 1965, 2, 14219; a. A. *Mazeaud - Tunc*, Bd. 1, Nr. 122 - 2.

[64] Civ. 1è, 1. 7. 1969: D. 1969, 640 Anm. G.C.M. J.C.P. 1969, 2, 16091: "L'obligation de ... n'existe à la charge du transporteur que pendant l'exécution du contrat de transport, c'est-à-dire à partir du moment où le voyageur commence à monter dans le véhicule et jusqu'au moment où il achève d'en descendre"; ebenso Civ. 12. 11. 1969: J.C.P. 1970, 2, 16190 Anm. RL.

[65] Civ. 21. 7. 1970: D. 1970, 768 Anm. *Abatiere*, "Si l'obligation de conduire le voyageur sain et sauf à destination résultant de l'article 1147 CC cesse de s'appliquer lors que le voyageur a achevé de descendre du véhicule, le transporteur reste tenu encore à son égard à une obligation générale de prudence et diligence."

[66] Ganz von den alten Vorstellungen konnte sich die Cour de Cassation allerdings nicht lösen, da sie im vorliegenden Fall (Anm. 65, betagte Dame stürzt beim Gedränge an der Sperre) an den Nachweis der faute praktisch keine Anforderungen stellte; vgl. dazu G. *Durry*, Rev. tr. 1971, 163.

[67] Dies wird von *Rodière* (Voyageurs veillez sur vous, D. 1971 chron. 4, S. 45) kritisiert. Abgesehen vom eigentlichen Transportvorgang plädiert er für eine deliktische Haftung, da der Fahrgast durch eine (nur) o. séc. moy. von der Haftungsvermutung des art. 1384 CC ausgeschlossen wird ("O. séc. devient un cadeau empoisonné fait par la Cour de Cassation au voyageur"). Als weiteres Argument käme noch das Interesse einer einheitlichen Lösung bei allen Transportverträgen hinzu, so daß die Vertragshaftung i. S. einer o. séc. rés. unabhängig vom Beförderungsmittel zur gleichen Zeit beginnen würde.

In die gleiche Richtung geht die jüngste Rechtsprechung bei den mechanisch betriebenen Jahrmarktsvergnügen, wo bisher nur eine o. séc. moy. angenommen wurde[68]. Während des eigentlichen Betriebes, d. h. der Fahrt, wird sie jetzt durch eine o. séc. rés. abgelöst[69].

Beim Transport mit dem Bus oder der Straßenbahn begann nach der bisherigen Rechtsprechung die o. séc. in dem Moment, in dem dem Fahrgast gestattet wird, Platz zu nehmen, auch wenn der Fahrkartenkauf bzw. die Entwertung der Fahrkarte erst später erfolgt[70]. Besser ist es, die o. séc. mit der neuesten Rechtsprechung[71] bereits in dem Augenblick beginnen zu lassen, in dem der Fahrgast in körperlichen Kontakt mit dem Beförderungsmittel tritt. Denn bereits das Einsteigen als notwendiger Teil der Beförderung beinhaltet einen Teil der Aufgabe der Bewegungsfreiheit und das Anvertrauen an einen mechanisierten Beförderungsvorgang. Für den Transport mit dem Flugzeug gilt im Prinzip dasselbe wie beim Eisenbahntransport. Ab dem Moment der Bordkartenkontrolle, in dem der Abflugbereich betreten wird, beginnt die o. séc., da die Flugpassagiere ab diesem Augenblick in ihrer Bewegungsfreiheit eingeschränkt werden und einer besonderen Gefährdung unterliegen[72].

Was die Beendigung der o. séc. betrifft, so ließ sie die Rechtsprechung[73] ebenfalls in dem Moment erlöschen, in dem der Fahrgast die Sperre wieder durchschritt. Die oben genannten Autoren und die neueste Rechtsprechung lassen sie jedoch bereits in dem Augenblick zu Ende gehen, in dem der Fahrgast aus dem Zug steigt.

Beim Transport mit dem Bus oder der Straßenbahn endet die o. séc. anerkanntermaßen erst in dem Augenblick, in dem sich der Fahrgast wieder auf der Straße befindet[74].

Beim Skischleppliftvertrag, der lange Zeit dem Transportvertrag gleichgestellt wurde, erfaßt nach der überwiegenden Meinung[75] die o. séc.

---

[68] Civ. 6. 1. 1969: Rev. tr. 1969, 316, Nr. 5 observ. H. et L. Mazeaud.

[69] Vgl. Civ. 30. 10. 1968: Rev. tr. 1969, 343, Nr. 15; Civ. 28. 4. 1969: D. 1969, 650 Anm. G.C.M.; vgl. auch Y. *Lassourand*, Rev. tr. 1970, 186.

[70] Req. 7. 5. 1935: S. 1935, 1, 206; D.H. 1935, 348; Civ. 20. 5. 1942: Gaz. Pal. 1944, 1, 220; Nancy 1. 3. 1950: J.C.P. 1950, 2, 58892 Anm. *Hémard*. In der Tat scheint hier die Rechtsprechung eine Art c. i. c. stillschweigend anzuerkennen, da erst damit der eigentliche Transportvertrag beginnt.

[71] Civ. 2. 12. 1969: Gaz. Pal. 1970, 1, 162; D. 1970, 104; Civ. 1è, 21. 7. 1969: Bull. Cass. 1969, 1, 224; D. 1970, som. 20; vgl. Rodière, J.C.P. 1952, 1, 947.

[72] Vgl. *Riese - Lacour*, Précis de droit aérien, Nr. 302.

[73] Civ. 17. 10. 1945: J.C.P. 1946, 2, 2445 Anm. *Razouls;* D. 1946, 165, Anm. *Roger*, Civ. 1è, 28. 11. 55: D. 1956, 173, Anm. *Savatier*, J.C.P. 1956, 2, 9205, Anm. *Rodière*.

[74] Civ. 7. 5. 1946: D. 1946, 324.

[75] Cour d'Appel Chambéry 7. 11. 1960, J.C.P. 1961, 2, 11442; D. 1961 somm. 22; *Rabinovitch*, S. 51; J.C.P. 1965, 1, 1953; a. A. noch Civ. 22. 12. 1960 Gaz. Pal. 1961, 482 (entsprechend zur bisherigen Lösung beim Transportvertrag).

auch den notwendigen Aufenthalt an der Tal- und Bergstation vor und nach dem eigentlichen Beförderungsvorgang. Denn durch das Einreihen in die Schlange an der Liftstation tritt für den in Besitz einer Fahrkarte befindlichen Skiläufer der Vertrag mit dem Skiliftunternehmer in Kraft, ohne daß es einer weiteren Kundgabe der Absicht, den Lift zu benutzen, bedarf[76]. Allerdings muß in Anbetracht der neuesten Rechtsprechung[77] diese o. séc. in eine o. séc. rés. während des eigentlichen Beförderungsvorganges (Halten des Bügels oder Hinsetzen in den Sessellift) und einer o. séc. moy. während der Wartezeit aufgespalten werden. Die o. séc. endet zu dem Zeitpunkt, in dem der Liftbenutzer den Gefahrenbereich der Liftanlage verläßt[78].

VII. Zwingender Charakter der obligation de sécurité

Obwohl von der Doktrin Freizeichnungsklauseln grundsätzlich in vollem Umfang — mit Ausnahme bei „faute lourde" und „dol" — und von der Rechtsprechung teilweise anerkannt werden[79], stellt sich die Frage, ob hinsichtlich der o. séc. etwas anderes gilt.

Von der Doktrin wird ein Haftungsausschluß wie auch eine einfache Haftungsbeschränkung bei Körperschäden überwiegend abgelehnt[80]. Dieser Ansicht folgt bis auf den Personentransport auf See auch der überwiegende Teil der Rechtsprechung[81].

Der aus artt. 1126 und 1128 CC entnommene Grundsatz des franz. Vertragsrechts: „la personne humaine est dehors du commerce" wird dahingehend ausgelegt, daß eine derartige Klausel gegen die guten Sitten verstoße (art. 6 CC). Nicht nur die Verfügbarkeit der Person widerspreche der heutigen Rechtsauffassung und damit dem „ordre public", sondern

---

[76] *Rabinovitch*, s. o.; *Kleppe*, S. 168.

[77] Civ. 8. 10. 1968: D. 1969, 157; a. A. Grenoble 15. 10. 1969, J.C.P. 1970, 16164.

[78] *Rabinovitch*, s. o.

[79] Vgl. oben 1. Teil, § 3, I 3.

[80] *Mazeaud - Tunc*, Bd. 3, Nr. 2529; *Carbonnier*, Nr. 930; *Savatier*, Bd. 2, Nr. 661; *Lalou*, Bd. 2, Nr. 366; *Josserand*, transport, Nr. 627, D.H. 1932 chron. 1 ff.; a. A. *Demogue*, Bd. 5, Nr. 1198; *Brun*, Nr. 78, 80; *Starck*, S. 412.

[81] Paris 8. 3. 1954 J.C.P. 1954, 2, 8094 (Reitclub); Civ. 2. 8. 1950: D. 1951, 581 Anm. *Mimin*; J.C.P. 1951, 2, 6542 Anm. *Esmein* (Raubtierdompteuse); weitere Entscheidungen vgl. unten. Vielfach umgeht die Rechtsprechung eine klare Entscheidung, indem sie eine „faute lourde" feststellt: z. B. Req. 29. 4. 1928, S. 1928, 1, 258; Civ. 18. 12. 40: Gaz. Pal. 1940, 2, 325. Civ. 29. 6. 1948: Gaz. Pal. 1948, 2, 178; In der Praxis hat sich — ausgehend von den staatlichen Eisenbahnbeförderungsbedingungen — beim Personentransport zu Land ein allgemeiner Ausschluß von Freizeichnungsklauseln durchgesetzt, vgl. *Rodière*, Transport, Bd. 3, Nr. 1266. Rev. tr. 1966, 309, Nr. 17.

ebenso die Verfügbarkeit potentieller auf der Verletzung der Person beruhender Ansprüche[82].

Diesen Prinzipien der h. M. nach ist die „o. séc. quant aux personnes" unabdingbar[83]. So kann z. B. der Patient den Arzt[84] oder das Krankenhaus[85] nicht von seiner Haftung für faute freizeichnen und der Inhaber eines mechanisch betriebenen Jahrmarktsvergnügen[86] oder eines Hotels[87] sich nicht durch Aushang von der o. séc. freimachen. Insofern ist das franz. Recht wesentlich strikter als das deutsche Recht, das grundsätzlich einen Haftungsausschluß bei leichter Fahrlässigkeit auch dann zuläßt, wenn die Körperintegrität betroffen ist.

Bedingt ist diese Unabdingbarkeit jedoch auch durch die Natur der o. séc. als einer von der Rechtsprechung entwickelten „obligation légale", die zum ordre public gehört[88]. Unabhängig vom Parteiwillen den Vertragspartnern oktroyiert muß sie deren Dispositionsfreiheit entzogen sein[89].

---

[82] *Mazeaud - Tunc*, Bd. 3, Nr. 2529: "l'ordre public protège la personne humaine... le consentement de la future victime ne peut aller contre."

[83] *Brunet*, S. 24; *Mazeaud - Tunc*, s. o.; *Martine*, l'option, S. 165; Paris 25. 3. 1954; J.C.P. 1954, 2, 8094 Anm. *Rodière* (Haftung eines Reitstalls). Die körperliche Unversehrtheit ist eine „chose hors du commerce dont l'ordre public ne permet pas de disposer"; wohl a. A. *Esmein*, obligation et responsabilité, S. 105; *Mimin*, Anm. s. o..

[84] Lyon 27. 6. 1913: D. 1914, 2, 73; Gaz. Pal. 1913, 2, 506; Trib. civ. Marseille 12. 6. 1956: D. 1956, 515; JC.P. 1956, 2, 9467 Anm. *Savatier;* insbesondere bei Schönheitsoperationen, Paris 12. 3. 1931: D.P. 1931, 2, 141 Anm. Lou (Wadenverkleinerung); Trib. civ. Seine 16. 1. 1938: Gaz. trib. 1è, 2, 1938 (Busenverkleinerung).

[85] Trib. civ. Marseille 12. 6. 1956: J.C.P. 1956, 2, éd. gén. 9467 Anm. *Savatier:* "peu importe qu'elle fait signer une clause de non-responsabilité, nulle comme contraire à l'ordre public."

[86] Toulouse 23. 10. 1934: D. 1935, 2, 44, Anm. *Mazeaud:* "l'intégrité du corps humain ne pouvant pas être considérée comme matière de transaction."

[87] Douai 8. 12. 1961: J.C.P. 1962, 4 éd. gén., 61, ebenfalls für den Kaufvertrag *H. Mazeaud*, Rev. tr. 1955, 614: "Un contractant ne peut en principe s'exonérer de la resp. qu'il est susceptible à encourir pour le dommage corporel qu'il causerait à autrui: *la vie et la santé de l'homme ne peuvent faire l'objet d'une convention.* Il en résulte que le vendeur malgré toute convention contraire, devra indemniser pour le préjudice corporel, causé à l'acheteur par un accident dû au vice cachée de la chose."

[88] *Ripert - Boulanger*, Bd. 2, Nr. 917; *Josserand*, Anm. D.P. 1936, 2, 14, der aber gerade aus diesem Grund die o. séc. ablehnt.

[89] a. A. *Mazeaud - Tunc*, Bd. 3, Nr. 2541 - 2, der zwischen Haftungsklauseln, welche die obligation als solche beseitigen, und Haftungsklauseln, die beim Bestehenlassen der obligation nur die Haftung ausschließen, unterscheidet. Letztere hält er grds. für gültig, obwohl dadurch das zuvor gewonnene und auch von ihm verteidigte Prinzip der Nichtigkeit von Haftungsklauseln bei Körperschäden in praxi wieder hinfällig würde. Zur Unterstützung seiner These führt er die zuvor kritisierte Rechtsprechung zum Personentransportvertrag auf See an. Auf die von ihm gemachte Unterscheidung, die im Ergebnis zu einer dem franz. Recht grds. unbekannte Trennung von Schuld und Haftung herauskommen würde, geht sie jedoch nicht ein.

Savatier[90] will diesen Grundsatz über den Gedanken der „acceptation de risques"[91] gemildert wissen. Dadurch, daß sich der Geschädigte bewußt einer Gefahr aussetze, habe er auch selbstverantwortlich dafür einzustehen. Abgesehen davon, daß diese These die gerade aus sozialen und rechtspolitischen Gründen den Parteien aufgezwungene Pflicht illusorisch machen würde, hat die Rechtsprechung dieser Theorie an anderer — richtigerer — Stelle Rechnung getragen. Wie noch darzustellen sein wird, ist die „acceptation de risques" ein entscheidendes Kriterium dafür, ob eine o. rés. oder o. moy. vorliegt[92].

Beim Transportvertrag kommt nach der Ansicht von Tunc[93] noch ein anderer Grund für die Unabdingbarkeit hinzu. Da die o. séc. in diesem Falle eine „obligation essentielle" sei, könne sie nicht abbedungen werden, ohne daß der gesamte Vertrag hinfällig würde[94].

Bis zu dem Zeitpunkt, an dem durch Gesetz (2. 3. 1957) die Regeln der Warschauer Konvention von 1924 für den Luftverkehr auch auf den Binnenluftverkehr für anwendbar erklärt wurden, waren Freizeichnungsklauseln für den Lufttransport zugelassen. Heute verbietet Art. 23 der Warschauer Konvention eine solche Haftungsklausel[95]. Ohne eine Begründung zu geben, läßt die Rechtsprechung ausnahmsweise eine Freizeichnungsklausel (jedoch nur i. S. einer Beweislastumkehr) beim Personentransport auf See zu[96].

---

[90] Le dommage, D. 1955 chron. 7.

[91] Vgl. § 5 II 3b; im deutschen Recht: *Stoll*, Handeln auf eigene Gefahr.

[92] Vgl. dazu § 5 II 3b.

[93] *Mazeaud - Tunc*, Bd. 3, Nr. 2520.

[94] Jedoch soll der Transporteur durch eine Klausel die Verschuldensvermutung beseitigen können, so daß sich die o. séc. rés. in eine einfache o. séc. moy. umwandelt (ebenso auch bei der Mängelgarantie für das benutzte Material).

[95] Nach dem Abkommen gilt für Personenschäden der zwingende Grundsatz der Verschuldenshaftung mit Exkulpationslast des Luftfrachtführers (art. 17, 20 Abs. 1, 23). Jedoch ist die Haftung summenmäßig beschränkt (art. 22 Abs. 1), es sei denn, der Luftfrachtführer oder seine Leute haben den Schaden vorsätzlich oder durch eine Fahrlässigkeit herbeigeführt, die nach dem Recht des angerufenen Gerichts dem Vorsatz gleichsteht (art. 25). Eine dem Warschauer Abkommen entsprechende Regelung besteht für den innerfranzösischen Luftverkehr. (Vgl. Art. L 321 - 3, L 323 - 3, Code de l'aviation civil et commercial vom 30. 3. 1967, abgedruckt im Anhang Code Dalloz d'Audience).

[96] Req. 4. 11. 1924: Rev. dr. mar. comp., suppl. II (1924) 867; Aix 5. 12. 1945: Sem. Jur. 1946, 2, 3017; Com. 19. 6. 1951: D. 1951, 717 Anm. *Ripert*, S. 1952, 1, 89 Anm. *Nerson;* vgl. *Ripert*, Droit maritime, 4è éd., Bd. 2, Nr. 2004. Die franz. Rechtsprechung glaubt wohl, sich in diesem Fall an die großzügige Praxis im internationalen Seefahrtsrecht anschließen zu müssen, die in der Regel keine Beschränkung von Haftungsklauseln kennt. Dagegen ist beim Seefrachttransport eine Enthaftungsklausel unzulässig (vgl. Art. 29 des Gesetzes vom 18. 6. 1966).

§ 5. Inhalt der obligation de sécurité

Da der Inhalt der o. séc., insbesondere die Unterscheidung zwischen
o. rés. und o. moy. eng mit dem Zentralbegriff des franz. Haftungsrechts
der faute zusammenhängt, ist es unerläßlich, zunächst etwas näher auf ihn
einzugehen.

I. "La faute contractuelle"

1. Der Begriff

Über kein Element des franz. Zivilrechts herrscht soviel Unklarheit
wie über die vom CC nicht definierte faute[1]. Unterschieden wird zwischen
„faute contractuelle", „faute quase-délictuelle" und „faute délictuelle"[2],
obwohl ein Unterschied zwischen den ersten beiden Begriffen der faute
allenfalls in den Nuancen besteht[3].

Ebenso wie das deutsche Zivilrecht baut das franz. Recht auf dem Verschuldensprinzip auf, wobei faute jedoch nicht gleich Verschulden gesetzt
werden darf. Von der h. M.[4] wird auch heute noch die faute neben dem
Schaden und der Kausalität zwischen inexécution und Schaden als drittes
Haftungselement anerkannt.

Allgemein wird die faute zunächst als „violation d'une obligation" de-
finiert[5]. Da diese Definition zur Verwechslung mit dem Begriff der inexécution führt[6], erweitern ihn einige Autoren durch die Bestimmung

---

[1] Ein dem § 276 BGB entsprechender art. fehlt im CC; vgl. die Übersicht
bei *Mazeaud - Tunc*, Bd. 1, Nr. 380 - 395 u. 673 - 2 und *Esmein*, La faute et sa
place dans la resp. civ. Rev. tr. 1949 487 ff.; *Planiol*, Rev. crit. 1905, 283: "Une
notion à formes multiples"; *Ripert*, Rev. crit. 1912, 196: "Il n'y a pas définition
légale de la faute ... on ne peut même pas essayer de donner une définition
de la faute."

[2] Faute beim Vertrag, bei der fahrlässig und vorsätzlich begangenen un-
erlaubten Handlung.

[3] *Mazeaud - Tunc*, Bd. 1, Nr. 673 - 2 ff.

[4] *Tunc*, Rev. tr. 1945, 235 Nr. 9: "La faute constitue le seul fondement de la
resp. contr."; vgl. insbesondere auch die Übersicht bei *Ségur*, La notion de
faute en droit civ. français, thèse Bordeaux 1956.

[5] *Planiol*, traité élémentaire, Bd. 2, Nr. 863; *Mazeaud - Tunc*, Bd. 1, Nr. 673 - 2;
Esmein, Obligation et resp. contr., S. 108.

[6] In Wirklichkeit entsprechen sich bei der o. moy. faute und inexécution und
führen bei der o. rés. zu einer Haftung ohne faute; "La faute peut être regardée

eines Maßstabes i. S. eines vorwerfbaren Fehlverhaltens[7]. Insoweit käme diese Deutung dem herkömmlichen Verschuldensbegriff im deutschen Recht nahe, wobei sich dieses Verschulden jedoch nicht an einem konkreten, sondern absoluten Maßstab mißt. Tunc versucht mit seiner „faute objective"[8] einen Mittelweg zu gehen. Sie sei objektiv, soweit die Sorgfalt des Schädigers mit der Sorgfalt eines abstrakten Typs, des „bon père de famille" verglichen wird. Außerdem sei sie subjektiv, da sie im Gegensatz zur „théorie des risques"[9] die Haftung nur bei nachgewiesenem Sorgfaltsmangel eintreten läßt.

Die Hauptschwierigkeit beim Auffinden einer einheitlichen Definition liegt in der Antinomie der art. 1147 und art. 1137 CC, auf denen das vertragliche Haftungsrecht aufbaut.

Ersterer läßt den Schuldner bis zur Grenze der cause étrangère ohne Rücksicht auf sein Verschulden haften, so daß es dem Gläubiger genügt, nur die inexécution nachzuweisen.

Bei Art. 1137 CC wird dagegen von dem Gläubiger der Nachweis der faute des Schuldners gefordert, d. h. daß sich dieser bei der Vertragserfüllung nicht wie ein „bon père de famille" verhalten hat.

Trotz einer schier unerschöpflichen Diskussion und zahlreichen Theorien gelang es der Doktrin bisher nicht, ein klares Prinzip zu Gunsten des einen oder anderen Systems oder zu einer Synthese der beiden zu finden[10].

2. "La présomption de la faute"

Nach wie vor dem Verschuldensprinzip treu, versucht der überwiegende Teil der Lehre und der Rechtsprechung diese Dualität mit Hilfe einer Verschuldensvermutung („présomption de faute") zu überwinden[11]. Die faute bleibt danach auch im Rahmen des art. 1147 CC eine notwendige Voraussetzung der Haftung, denn die Tatsache der Nichterfüllung läßt sie

---

comme impliquée dans l'inexécution"; *Carbonnier*, théorie des obligations, Nr. 154, S. 271; "... la seule inexécution provenant du fait du débiteur constitue une faute", *H. L. Mazeaud*, Bd. 1, 4. Aufl., Nr. 669 - 2.

[7] *Mazeaud - Tunc*, Bd. 1, Nr. 439: "La faute est une erreur de conduite que ne commettrait pas une personne avisée dans les mêmes circonstances extérieures que l'auteur du dommage"; *Planniol - Ripert (Esmein)*, Bd. 6, Nr. 377: "La faute est un acte blâmable."

[8] *Mazeaud - Tunc*, Bd. 1, Nr. 424.

[9] s. o. Einführung § 1 I.

[10] Vgl. die Übersicht bei *Mazeaud - Tunc*, Bd. 1, Nr. 653 f. und *Constantinesco*, S. 222; ursprünglich scheint der CC von art. 1147 CC als Normaltyp der Obligation ausgegangen zu sein.

[11] *Huc*, Commentaire, Bd. 6, Nr. 95; *Colin - Capitant*, Bd. 2, Nr. 131; *Carbonnier*, Théorie des obligations, Nr. 154; *Mazeaud - Tunc*, Bd. 1, Nr. 103 - 3.

nur vermuten. Nach der allgemeinen Lebenserfahrung bestehe bei der Verletzung bzw. Nichterfüllung einer Obligation dieses Inhalts eine hohe Wahrscheinlichkeit für ein Verschulden des Schädigers[12].

Würde es sich bei dieser Konstruktion jedoch um eine echte Verschuldensvermutung handeln, müßte sich der Schädiger durch den Nachweis mangelnder faute entlasten können. So kann im deutschen Recht in den vergleichbaren Fällen der positiven Vertragsverletzung sich der Schuldner in entsprechender Anwendung des § 282 BGB durch den Nachweis mangelnden Verschuldens entlasten[13].

Um eine solche echte Verschuldensvermutung handelt es sich hier jedoch nicht. Denn art. 1147 CC läßt als Gegenbeweis allein den Nachweis der cause étrangère zu („force majeure" bzw. „cas fortuit" art. 1148 CC)[14].

Diesen Schwierigkeiten Rechnung tragend, zogen einige Autoren die Konsequenz und setzten faute gleich inexécution, indem sie entweder von der „faute prouvée"[15] oder von der „faute réalisée"[16] sprechen. Die faute ist immer dann nachgewiesen, wenn die Nichterreichung des versprochenen Erfolgs feststeht[17].

Diese Auffassung führt dazu, daß faute und cause étrangère zwei sich ergänzende Elemente sind. Alles, was nicht unter die cause étrangère fällt, ist notwendigerweise faute. Dieser vom Großteil der Doktrin beschrittene Weg überbrückt aber nur scheinbar die Antinomie zwischen den beiden Artikeln des CC. Denn, um zu einer solchen Entsprechung der beiden Begriffe zu gelangen, mußte man entweder die „diligence de bon père de famille" bis zur Grenze der force majeure steigern und somit der faute fast jeglichen subjektiven Gehalt nehmen[18] oder aber die Anforderungen an die force majeure hinunterschrauben[19].

Daß diese rein theoretische Komplementärfunktion zwischen faute und force majeure mit der juristischen Wirklichkeit nicht übereinstimmt, zeigen die nachfolgende Begriffsbestimmung des Entlastungsgrundes und die dabei von der Rechtsprechung angelegten Maßstäbe[20].

---

[12] Näheres dazu § 3 II.

[13] *Larenz*, Bd. 1, § 23 I.

[14] s. nächsten Abschnitt.

[15] *Planiol - Ripert*, Bd. 2, Nr. 703.

[16] *Salleiles*, Etude sur la théorie générale de l'obligation d'après le premier projet de CC pour l'Empire Allemand, 3è éd., S. 436.

[17] *Planiol - Ripert (Esmein)*, Bd. 6, Nr. 382; *Ripert - Boulanger*, Bd. 2, Nr. 716.

[18] So die obengenannten Autoren; faute würde dann nur noch materielle Zurechenbarkeit der inexécution bedeuten, vgl. *Amiot*, S. 223; *Ohler*, S. 46.

[19] So *Mazeaud - Tunc*, Bd. 1, Nr. 666, 667.

[20] Der Schuldner, der seine mangelnde faute nachweist, weist damit noch lange nicht force majeure nach. Unbestimmt bleiben die dazwischenliegenden Fälle, vor allen Dingen, in denen die Schadensursache nicht genau geklärt werden konnte.

3. Entlastung von der faute

Der äußere, nicht zurechenbare Umstand („cause étrangère non imputable"), der als Entlastungsgrund in erster Linie bei den o. rés. von Bedeutung ist, umfaßt höhere Gewalt („force majeure") und Zufall („cas fortuit"). Beide Begriffe sind nach h. M.[22] und ständiger Rechtsprechung identisch und werden von dem Mitverschulden („le fait ou la faute de la victime") und dem Drittverschulden („le fait ou la faute de tiers") ergänzt.

a) force majeure

Die Unvorhersehbarkeit („imprévisibilité") und Unüberwindbarkeit bzw. Unwiderstehlichkeit („insurmontabilité ou irrésistibilité")[23] des Ereignisses bilden nach der h. M.[24] die beiden konstitutiven Elemente der force majeure. Im Gegensatz zu einem Teil der Doktrin[25] wird ihnen von der ständigen Rechtsprechung nicht ein konkreter, sondern ein absoluter Maßstab zugrundegelegt. Ausgangspunkt für die „imprévisibilité" ist nicht das Ereignis selbst, sondern die Situation und die Umstände des Schuldners vor dem Ereignis[26] oder vor dem Vertragsabschluß[27].

Das Schadensereignis muß absolut, d. h. von einem abstrakten Beobachter aus gesehen, zur Zeit des Vertragsabschlusses unvorhersehbar gewesen sein; es kommt also nicht darauf an, ob die für den konkreten Sachverhalt maßgeblichen Umstände vorhersehbar waren. „Irrésistibilité" bedeute absolute Unmöglichkeit für den Schuldner, unabhängig von sei-

---

[22] *Mazeaud - Tunc*, Bd. 2, Nr. 1551 ff.; *Carbonnier*, Théorie des obligations, S. 280; *Esmein*, Le fondement de la responsabilité contr., Rev. tr. 1933, 627 ff.; *Planiol - Ripert* (Esmein), Bd. 6, Nr. 568.

[23] Das teilweise noch gebrauchte Merkmal der „extériorité" (das Ereignis muß außerhalb der Verantwortungssphäre des Schuldners liegen) wird bisweilen noch als drittes konstitutives Element gefordert (Carbonnier, s. o.). Meistens wird es aber als von den beiden genannten Begriffen mit umfaßt angesehen, da die mangelnde „extériorité" nur eine Vermutung für eine Zurechenbarkeit des Ereignisses darstellt (*Mazeaud - Tunc*, Bd. 2, Nr. 1566).

[24] *Mazeaud - Tunc*, s. o. Nr. 1563; *Carbonnier*, s. o. *Radouant*, Du cas fortuit et de la force majeure, thèse, Paris 1920; ständige Rechtsprechung Civ. 9. 9. 1940: S. 1940, 1, 81, Anm. H. *Mazeaud;* Civ. 7. 5. 1952: D. 1952, J, 487; Civ. 19. 10. 1964: J.C.P. 1965, 14220, Anm. J. *Bigote.*

[25] *Savatier*, Nr. 182; *Rodière*, J.C.P. 1952, 1, 997, Nr. 47; *Tunc*, Rev. tr. 1945, 235, Nr. 3; *Mazeaud - Tunc*, Bd. I, Nr. 664 ff.; Bd. II, 5è éd., Nr. 1566 ff.; a. A. *Mazeaud - Tunc*, Bd. II, 6è éd., Nr. 1566 ff.; vgl. dazu auch *v. Caemmerer*, Rechtsvergleichendes Handwörterbuch Kap. III (objektive Theorie der höheren Gewalt).

[26] Nicht unvorhersehbar z. B. ist für einen Chauffeur ein Unwetter, aufgrund dessen der Wagen umstürzt, wenn bereits die ersten Anzeichen bei der Abfahrt vorlagen: Douai 4. 5. 32, S. 1933, 2, 23; ebenso Glatteis im Winter: Soc. 4. 11. 1965: Bull. Civ. 1965, 4, Nr. 724, S. 612; oder Sabotageakt auf einen Zug in unruhigen Zeiten: Civ. 1è, 30. 4. 1953: J.C.P. 1953, 2 éd. G. 7764; D. 1953, 642.

[27] *Mazeaud - Tunc*, Bd. 2, Nr. 1576.

ner Person und seinen Mitteln, seiner Verpflichtung nachzukommen. Er hat sich notfalls zu ruinieren[28]. Insbesondere was die o. séc. rés. anbetrifft, stellt die Rechtsprechung hohe Anforderungen an das Merkmal der Unvermeidbarkeit[29]. Ebenfalls wird die Fehlerhaftigkeit einer Sache („vice interne de la chose"), die zum Unfall führt, nicht als force majeure anerkannt, auch wenn der Schuldner davon nichts wußte[30].

Verglichen mit dem deutschen Recht stimmt die von Tunc[31] vertretene subjektive[32] bzw. konkrete Auffassung von der force majeure mit dem Begriff des unabwendbaren Ereignisses i. S. des § 7 StVG überein. Ein Ereignis entlastet hiernach immer dann, wenn es auch mit äußerster Sorgfalt nicht hätte vermieden werden können[33]. Den konkreten Fall in Rechnung stellend, wird eine absolute Unvermeidbarkeit nicht verlangt[34]. Die grundsätzlich von der franz. Rechtsprechung vertretene Linie entspricht dagegen dem engeren Begriff der höheren Gewalt i. S. des § 1 RHG[35], wonach sie ein betriebsfremdes, ganz außergewöhnliches und nicht abwendbares Ereignis sein muß[36].

b) "le fait ou la faute de tiers"

Die Handlung oder das Fehlverhalten eines Dritten entlastet immer nur dann, wenn sie vom Schuldner weder voraussehbar noch vermeidbar waren, d. h. die Züge der force majeure tragen und die einzige Schadensursache („cause unique du dommage") darstellen[37].

---

[28] *Mazeaud - Tunc*, Bd. 2, Nr. 1569; *Radouant*, S. 17.

[29] Vgl. Anm. 26, ebenso Civ. 12. 1. 1948: J.C.P. 1948, 2, 9344, Anm. *Rodière* (Sabotageakt); Civ. 1è, 8. 10. 1968: D. 1969, 157, Anm. *Mazeaud* (Unfall am Skilift aus unbekannten Gründen); Civ. 1è, 28. 4. 1969: D. 1969, 650, Anm. G.C.M. (Unfall beim Autoscooter aufgrund eines Massenandrangs); vgl. dazu auch 2. Teil.

[30] z. B. Civ. 2. 7. 1946: Gaz. Pal. 1946, 2, 151; D. 1946, 392; vgl. § 538 BGB.

[31] s. Anm. 25.

[32] Man vergleiche die Übereinstimmung mit der subjektiven Theorie der höheren Gewalt von *Goldschmidt* (Zschr. f. ges. H. R., Bd. 3, 1860, 58 ff.). Schäden infolge schlechten Funktionierens oder verborgener Mängel der vom Schuldner verwandten Geräte fallen dennoch nicht unter die force majeure, da Tunc auch das Merkmal der „extériorité" für den Nachweis der höheren Gewalt für erforderlich hält.

[33] *Floegel - Hartung*, StVG Komm., Anm. 5 zu § 7 StVG, m. w. N.

[34] BGH VersR. 1966, 1076; deswegen wird zum Teil auch von einer Gefährdungshaftung vermischt mit Verschuldenselementen gesprochen (Böhmer, VersR. 1961, 865).

[35] Man vergleiche die fast wörtliche Übereinstimmung zwischen art. 1148 CC und § 1 RHG.

[36] Ständige Rechtsprechung: RGZ 94, 11; 167, 325; BGH NJW 1953, 184; Versicherungsrecht 1955, 188.

[37] Req. 2. 3. 1927: D.P. 1929, 1, 121, Anm. *L. Mazeaud;* Civ. 12. 1. 1948: J.C.P. 1948, 2, 4344, Anm. Prieur; Civ. 24. 10. 1963: Gaz. Pal. 1964, 1, 63; Notbremsungen infolge verkehrswidrigen Verhaltens Dritter werden z. T. als unvorhersehbares

Allerdings kann der „fait d'un tiers" zu einer Schadensteilung führen, wenn sie diese Kriterien nicht erfüllt[38].

Bleibt der Dritte unbekannt, hat aber der Schuldner eindeutig dessen faute als alleinige Ursache nachgewiesen, welche für ihn unvorhersehbar und unvermeidbar war, so tritt Entlastung ein[39]. Bleibt demgegenüber die Schadensursache unaufklärbar, so haftet der Schuldner, da bei ihm das Beweisrisiko liegt[40].

c) "le fait ou la faute de la victime"

Grundsätzlich den gleichen Bedingungen wie oben unterliegt der „fait de la victime", wenn er für den Schuldner entlastend wirken soll[41]. Dem Prinzip folgend, daß der Fahrgast auch zu eigenem sorgfältigen Verhalten verpflichtet ist[42], schließt die Rechtsprechung eine Haftung aus, wenn

---

und unvermeidbares Ereignis anerkannt: Civ. 30. 11. 1960: D. 1961, 121, krit. Anm. *Tunc*, der die Merkmale der force majeure bei der „fait d'un tiers" ablehnt; Civ. 22. 1. 1963: J.C.P. 1963, 2, 1387, Anm. J. *Mazeaud;* Civ. 1è, 10. 6. 1963: Bull. Civ. 1, Nr. 306, S. 260; ebenso J. *Bigote*, Anm. J.C.P. 1965, 2, 14220 und Civ. 30. 3. 1954: J.C.P. 1954, 2, 8421, Anm. *Savatier;* Civ. 1è, 4. 3. 54: J.C.P. 1954, 2, 8122, Anm. *Rodière;* z. T. abgelehnt: Civ. 3. 1. 1962, Bull. Civ. 1962, 2, Nr. 6, S. 4 (allerdings wird hier dem Fahrer zu schnelles Fahren vorgeworfen); Civ. 1è, 23. 1. 63, Bull. Civ. 1, Nr. 53, S. 45; Trib. Gr. Inst. de la Seine, 2. 5. 60: D. 1961, 1, 39 (das Fehlverhalten eines Dritten im Straßenverkehr von Paris sei für einen erfahrenen Busfahrer immer vorhersehbar und auch vermeidbar); Civ. 27. 10. 1969, Gaz. Pal. 1969, 2, 80 (mit dem plötzlichen Überfahren der Ampel bei Rot muß gerechnet werden);

Widersprüchlich: Civ. 19. 10. 1964: J.C.P. 1965, 14, 420, Anm. *Bigote* (Zwei Entscheidungen: erste, Notbremsung, force majeure bejaht, zweite, Fahrgast wird von einem Gepäckwagen verletzt, den ein unbekannt gebliebener Dritter in Bewegung gesetzt hat, force majeure verneint). Beide Ereignisse, je nachdem, welchen Maßstab man anlegt, können als voraussehbar und vermeidbar angesehen werden. Im zweiten Fall scheint die Cour de Cassation jedoch zusätzlich von einer Verletzung der Aufsichtspflicht der Bahn ausgegangen zu sein.

[38] Civ. 15. 1. 1960: D. 1963, 681, Anm. *Radouant*, S. 1962, 2, Anm. *Meurisse,* Civ. 9. 5. 1963: Gaz. Pal. 1963, 2, 233; Trib. Gr. Inst. Angers 12. 10. 1970: D. 1971, 220 (Fahrgast springt auf frühzeitig abfahrenden Zug, seine faute war voraussehbar).

[39] Req. 30. 9. 1949: Gaz. Pal. 1940, 2, 117 (Unfall aufgrund eines unbekannt gebliebenen Radfahrers); Civ. 21. 1. 1946: D. 1946, 131 u. Civ. 12. 1. 65: D.S. 1965, 365, Anm. *Esmein* (Unfall aufgrund eines von außen in den Zug geworfenen Steines); vgl. dazu RGJW 1938, 2357 (gleicher Sachverhalt, höhere Gewalt bejaht), jedoch Civ. 29. 11. 1960: Bull. Civ. 1, Nr. 520, S. 424 (gleicher Sachverhalt, jedoch blieben Umstände des Steinwurfes ungeklärt, keine Entlastung).

[40] Civ. 29. 4. 1960: J.C.P. 1960, 4, éd. G., 86 (Fahrgast wird beim Aussteigen von unbekannt Gebliebenem gestoßen); auch die bewiesene strikte Anwendung der Sicherheitsvorschriften entlastet nicht: Civ. 9. 1. 61: Bull. Civ. 1, Nr. 19, S. 16.

[41] Ist der „fait de la victime" der einzige Schadensgrund, braucht die faute des Geschädigten nicht mehr nachgewiesen zu werden.

[42] Paris 21. 6. 1937: Gaz. Pal. 1941, 1, 356: "l'obligation de sécurité absolue

der Unfall ausschließlich auf der Unvorsichtigkeit des Fahrgastes beruht[43]. Läßt sich jedoch die faute[44] des Fahrgastes nicht als einzige Schadensursache nachweisen, wird eine sogenannte „faute commune" angenommen mit der Konsequenz einer Haftungsminderung auf seiten des Schuldners. Diese erfolgt jedoch nicht wie im deutschen Recht aufgrund einer gesetzlichen Regelung (§ 254 BGB, § 17 StVG), sondern auf dem mit Gewohnheitsrecht begründeten Ermessen des Richters[45]. Gelingt jedoch der vollständige Nachweis einer faute des Geschädigten nicht, insbesondere kann die Schadensursache nicht geklärt werden, so bleibt der Schuldner verantwortlich[46], da er die gemäß art. 1147 CC auf ihm ruhenden Verschuldensvermutung nicht widerlegen konnte.

d) Zusammenfassung

Die strenge Auslegung der force majeure und ihrer Hauptelemente „irrésistibilité" und „imprévisibilité" zeigt, daß entgegen den obenerwähnten Theorien kein nahtloser Übergang von „absence de faute" und „force majeure" besteht[47]. Denn der Schuldner haftet, selbst wenn er seine mangelnde faute nachgewiesen hat. Vielmehr wird bei der o. séc. rés.[48] der Nachweis einer Art von qualifiziertem Zufall verlangt, bei der kaum noch etwas von einer Verschuldenshaftung entdeckt werden kann[49].

---

dérivant du contrat de transport ne dispense pas le voyageur de veiller à sa propre sauvegarde."

[43] Paris 7. 6. 1919: S. 1920, 2, 32; Grenoble 24. 10. 1930: D.H. 1930, 595; Civ. 22. 11. 1965: J.C.P. 1966, 2, 14520, Anm. Esmein (in allen Entscheidungen hielt sich der Fahrgast bei der Fahrt nicht fest und kam deswegen zu Fall).

[44] Eine Handlung (fait) des Fahrgastes allein genügt ja nicht; vgl. *Mazeaud - Tunc*, Bd. 2, Nr. 1465.

[45] Civ. 11. 11. 1896: D. 1897, 1, 135: "L'imprudence du voyageur blessé peut sans doute autoriser les tribunaux à réduire le chiffre des dommages et intérêts, Mais ne saurait leur permettre d'affranchir de toute responsabilité dont la faute a contribué à déterminer l'accident ou à aggraver les conséquences"; Req. 7. 5. 35: D.H. 1935, 348; Civ. 20. 7. 1949: Gaz. Pal. 1949, 2, 322.

[46] Civ. 12. 11. 1969: 1970 som. 102; 23. 2. 1970: D. 1970 som. 154 (Sturz eines Fahrgastes konnte nicht mehr aufgeklärt werden); Civ. 20. 10. 1969: D. 1970, 33 (Fahrgast wurde von automatischer Tür eingeklemmt, keine faute); ebenso Civ. 3. 7. 1963: D. 1964, 64 (Fahrgast streckt seinen Arm durch das Fenster, keine faute).

[47] So ausdrücklich Soc. 10. 11. 1955, Bull. civ., 4, Nr. 815, S. 614: "*Un débiteur ne se trouve pas libéré par le seul fait qu'il n'à commis aucune faute, mais seulement par la constation d'un cas fortuit ou de force majeure rendant impossible l'exécution de l'obligation.*"

[48] In anderen Bereichen können Unterschiede auftreten, da die Kriterien nicht unterschiedlos angewendet werden, sondern dem Richter die Möglichkeit geben, die Haftung dem Einzelfall anzupassen.

[49] M. *Chauveau*, La responsabilité des transporteurs, in Mélanges Ripert, Bd.2, S. 398: "Entre la force majeure ou événement extérieur, et la faute au sens morale du terme, se place une série de causes que dans la conception

Trotz dem Festhalten der kerkömmlichen Doktrin an einer auf einer einheitlichen faute beruhenden Vertragshaftung läßt sich die Zweiteilung des vertraglichen Haftungssystems im franz. Recht kaum noch verleugnen[50].

Das System des art. 1137 CC, das die Grundlage der o. moy. bildet, beruht auf der faute i. S. eines echten Verschuldens. Der Schuldner ist verantwortlich, wenn ihm ein Sorgfaltsmangel nachgewiesen werden kann. Insoweit besteht eine starke Verwandtschaft, wenn nicht gar Identität[51] zur deutschen Vertragshaftung.

Beim System des art. 1147 CC, Grundlage der o. rés., spielt die faute als subjektives Element praktisch keine Rolle mehr. Der Gläubiger hat allein die Nichterfüllung der Vertragspflicht nachzuweisen, während der Schuldner nur durch den Nachweis einer cause étrangère der Haftung entgehen kann. Eine Nachprüfung der Sorgfalt des Schuldners i. S. einer persönlichen Vorwerfbarkeit findet nicht mehr statt. Die Konstruktion einer „faute prouvée" oder „faute réalisée" ist nur noch ein trügerisches Festhalten an einem einheitlichen faute-Begriff.

II. Die Unterscheidung zwischen
obligation de moyens und obligation de résultat

1. Entwicklung und Bedeutung

Angesichts der Schlüsselrolle der heute schon klassisch gewordenen Unterscheidung zwischen der o. moy. und der o. rés. für die o. séc., mit deren Entwicklung sie in ständiger Wechselwirkung steht[52], muß im Rahmen dieser Arbeit näher auf die Klassifizierung eingegangen werden, ohne daß eine Gesamtdarstellung versucht werden soll[53].

---

courante on impute souvent à la faute de l'entrepreneur, mais qui honnêtement analysées sont des risques de l'entreprise."

[50] *Frossard*, S. 3: "En réalité le droit positif français connait deux régimes de resp.; ces deux systèmes ont donné naissance à la distinction des obligation de moyens et obligation de résultat." Ebenso van Ryn, Responsabilité acquilienne et contrat en droit positif, Brüssel 1933; Lalou, Nr. 115; Constantinesco, S. 480; vgl. auch Ohler, S. 46;

ähnlich auch *Rabel* (Warenkauf, Bd. 1, S. 221), der allerdings nicht die Konsequenz einer Zweiteilung des Haftungssystems zieht, obwohl er die „Künstlichkeit" der Ansicht anerkennt, die zur Begründung der Verschuldenshaftung gegeben wird. Denn „Haftung für übernommene Gefahr" (*Wigny*, Responsabilité contr. et force majeure, Rev. tr. 1935, 19 ff.) bedeutet Haftung ohne Verschulden. Ebenso konstruiert ist es, den Mangel an Voraussicht als eine Art von c. i. c. zu werten (*Radouant*, S. 181).

[51] So *Constantinesco*, S. 489.

[52] Vgl. Einführung.

[53] Dazu in franz. Sprache: *Frossard;* in deutscher Sprache: *Ohler; Hils.*

Mit Hilfe der Unterscheidung wurden nicht nur die größten Schwierigkeiten bei der Beweislastverteilung für faute beseitigt, sondern eine Ver-
söhnung der Antinomie zwischen art. 1147 und art. 1137 CC erreicht[54].

Obwohl die Klassifizierung schon in den Grundzügen dem römischen
Recht[55] bekannt war und von einigen Autoren des „ancien droit" aufge-
griffen[56] wurde, kommt Demogue[57] das Verdienst zu, diese Unterscheidung der Vertragspflichten begründet zu haben.

Ausgangspunkt für ihn ist der verschiedene Leistungsinhalt der Vertragspflichten. Einmal verspricht der Schuldner eine bestimmte Leistung
(„prestation déterminée")[58], d. h. einen Leistungserfolg („résulat"), wie
etwa die Übergabe der Kaufsache, die Herstellung eines Werkes[59] oder
im Bezug auf die o. séc. den Sicherungserfolg. Unabhängig von der an-
gewandten Sorgfalt haftet der Schuldner für den Eintritt dieses Leistungserfolges bis zur Grenze der force majeure und übernimmt mit der
Verpflichtung gleichzeitig eine weitgehende Garantie.

Das andere Mal legt der Vertrag dem Schuldner auf, gewisse Dienste
zu leisten, die persönliche Anstrengungen erfordern, deren Erfolg aber
nicht als sicher erscheint. So z. B. das Heilungsversprechen des Arztes,
das Versprechen des Rechtsanwalts, den Prozeß zu gewinnen, und das
„Versprechen" bestimmter Unternehmer, gewisse Sicherheitsvorkehrungen zu treffen. In diesen Fällen verspricht der Schuldner nicht den Erfolg, sondern nur die Mittel („moyens"), d. h. das Bemühen dazu. Er
schuldet nur sorgfältige Ausführung der Verpflichtung („obligation générale de prudence et de diligence"). Der Gläubiger muß hinsichtlich der
Nichterfüllung dieser Pflicht dem Schuldner unsorgfältiges Verhalten
nachweisen. Maßgeblich ist also immer die Bestimmung des Leistungsin-
halts, woraus dann automatisch die Intensität der Haftung einschließlich
der Beweislastverteilung resultiert.

Ohne Einschränkungen gilt diese Alternative allerdings nicht. Denn es
gibt eine Art dritter Obligationengruppe, deren Inhalt eine echte Ver-

---

[54] *Van Ryn*, Nr. 14; *Josserand*, Recueil F. Gény, Bd. 2, Nr. 613; *Segur*, S. 94.

[55] „Diligentia" als Leistungsschuld, Gaius, Dig. 13, 6, 18 pr.; „custodia" als
Leistungsschuld (bei Schiffern, Gast- und Stallwirten), Ulpian, Dig. 4, 9, 1.

[56] Vgl. *Mazeaud - Tunc*, Bd. 1, Nr. 103 - 2.

[57] Bd. 5, Nr. 1237; Bd. 6, Nr. 599, 600.

[58] So der von *Frossard* gebrauchte Ausdruck; *Mazeaud - Tunc* sprechen von
einer „obligation déterminée" und „obligation gén. de prudence et diligence".
In der Rechtsprechung und sonstigen Literatur sind jedoch die von Demogue
verwandten Begriffe gebräuchlich.

[59] Als Anschauungsbeispiel im deutschen Recht —— allerdings in anderem
Zusammenhang — kann für die o. rés. der Werkvertrag dienen, wo der Unternehmer einen bestimmten Erfolg verspricht (§ 631 BGB), und für die o. moy.
der Dienstvertrag, wo sich der Schuldner nur zur Leistung seiner Dienste verpflichtet (§ 611 BGB).

schuldensvermutung enthält[60]. Angesichts ihrer Seltenheit haben sie aber keine eigenständige Bedeutung. Besondere Schwierigkeiten können auch dadurch entstehen, daß in demselben Vertragsverhältnis o. rés. und o. moy. vorhanden sein können. Von der Doktrin — anfangs häufig und später noch vereinzelt — grundsätzlich in Abrede gestellt[61], wird die Klassifizierung heute überwiegend akzeptiert[62]. Ausgehend von art. 1147 CC als Normaltyp der Obligation und der „présomption de faute" bzw. „présomption de responsabilité" als Alibi für den Verschuldensgrundsatz hat auch die Rechtsprechung nach der Entdeckung der o. moy. beim Arztvertrag diese Unterscheidung übernommen[63]. Vor allem die Entdeckung der o. séc. in einer Reihe von Verträgen hat diese Entwicklung entscheidend gefördert.

2. Beweislastverteilung als wesentlichste Konsequenz der Unterscheidung

Die teilweise recht theoretische Diskussion über die faute erlangt praktischen Wert bei der Beweisfrage. Denn der eigentliche Grund für alle Qualifizierungsversuche ist die Frage der Beweislast und des Beweisrisikos für die Voraussetzungen des Schadenersatzanspruches. Hier sitzt der Hebel, an dem die Rechtsprechung angesetzt hat, um das Los des Geschädigten zu verbessern[64].

Allgemeine Übereinstimmung herrscht darüber, daß der Gläubiger die Existenz des Vertrages und den Umfang der Verpflichtungen nachweisen muß[65]. Streitig ist jedoch, wer die inexécution, die faute und die Kausalität nachweisen muß. Wieder stellt sich die Frage nach der Bedeutung und dem Inhalt der obengenannten Begriffe. Denn maßgeblich ist, was bewiesen werden muß. Darauf scheint die von Demogue getroffene Unterscheidung eine Antwort zu geben[66].

---

[60] z. B. artt. 1732, 1789 CC.

[61] *Planiol - Ripert* (Esmein), Bd. 6, Nr. 376 - 378; *Marton*, Rev. tr. 1935, S. 499 ff.

[62] *Mazeaud*, Essai de classification des obligations, Rev. tr. 1936, 1: "Summa divisio de toutes obligations tant délictuelles que contractuelles"; vgl. *Mazeaud - Tunc*, Bd. 1, Nr. 103 - 6, m. w. N.

[63] Vgl. 2. Teil; insoweit unrichtig *Ohler*, S. 115.

[64] *Frossard*, S. 95: "C'est principalement pour résoudre le problème de répartition du fardeau de la preuve dans le procès de responsabilité que la théorie des o. moy. et des o. rés. a vu le jour." *Mazeaud - Tunc*, Bd. 1, Nr. 103: "L'intérêt fondamental de la distinction est dans une répartition différente au fardeau de la preuve."

[65] *Mazeaud - Tunc*, Bd. 1, Nr. 693 m. w. N.; art. 1315 CC: "Celui qui réclame l'inéxécution d'une obligation doit la prouver." Über die Natur der Vertragspflicht (o. rés. oder o. moy.) entscheidet als Rechtsfrage der Richter, auch wenn der Kläger die tatsächlichen Voraussetzungen der von ihm behaupteten Natur der Verpflichtung nachweisen muß.

[66] So trotz einiger Unterschiede in der Herleitung und Begründung die h. M.:

Zwar trifft es zu, daß sich die Beweislastverteilung als solche nicht automatisch aus der Klassifizierung ergibt[67], sondern nur das Beweisthema, das seinerseits wieder abhängig ist von der verschiedenen Auffassung der inexécution und faute. Dennoch ist mit der Bestimmung des Beweisthemas, bzw. des Inhalts, auch eine Entscheidung über die Beweislast getroffen.

a) Beweislast bei der obligation de résultat

Hat sich der Schuldner zu einem bestimmten Leistungserfolg bzw. Sicherungserfolg verpflichtet, braucht der Gläubiger nur nachzuweisen, daß der Erfolg nicht eingetreten ist; bei einer o. séc. rés., daß er einen Schaden erlitten hat. Aus dem Leistungsinhalt, der gleichzeitig die Einstandspflicht bestimmt, ergibt sich, was der Gläubiger zu beweisen hat und zu welchem Gegenbeweis der Schuldner zugelassen ist. Vom praktischen Ergebnis aus gesehen ist es sekundär, ob man bei diesem Nachweis die inexécution und die faute indiziert oder vermutet sieht, oder ob man von einer objektiven Haftung ausgeht.

Daher ist es nach dem Nachweis des ausgebliebenen Erfolges seitens des Gläubigers Sache des Schuldners, sich durch den allein zugelassenen konkreten Gegenbeweis der höheren Gewalt[68] zu entlasten. Sieht man, wie die mehrheitliche französische Doktrin, bei der o. rés. noch Raum für eine faute, so kann man dabei von einer doppelten Vermutung sprechen, die auf dem Schuldner lastet[69]. Zu Ungunsten des Schuldners wird sowohl die Pflichtwidrigkeit wie auch die faute vermutet. Desgleichen die Kausalbeziehung zwischen dem ausgebliebenen Erfolg bzw. dem Schaden

---

Demogue, Bd. 6, Nr. 599 ("Le contenu de la preuve dépend de la nature de l'obligation"); *van Ryn*, Nr. 14, 18; *Savatier*, Bd. 1, Nr. 113; *Josserand*, s. o.; *Segur*, S. 94 ff.; einschränkend: *Mazeaud - Tunc*, Bd. 1, Nr. 694, 695; *Ripert - Boulanger*, Bd. 2, Nr. 758; a. A. *Frossard*, Nr. 183 - 186; ihm folgend *Ohler*, S. 82.

[67] *Frossard* (s. Anm. 66) führt zur Unterstützung seiner These u. a. die Tatsache auf, daß es auch Obligationen gibt, die nicht in das Schema von Demogue passen (s. Anm. 60). Dies weist jedoch nicht die Unerheblichkeit der Unterscheidung für die Beweislast nach, sondern nur, daß das vorgeschlagene System nicht lückenlos ist, so daß eine schematische Anwendung der Unterscheidung der Haftungsvielfalt nicht gerecht würde. Ferner unterschätzt er den Einfluß der Unterscheidung auf das Beweisthema und damit auch auf die Beweislast. Allerdings werden in der Tat die Kriterien für die Unterscheidung auch als Erklärung für die Beweislastverteilung gegeben (vgl. *Mazeaud - Tunc*, s. o.), so daß oft der Eindruck entstehen kann, daß der Pflichteninhalt eher Indiz als Ursache der verschiedenen Beweislastverteilung ist.

[68] Zu dem Begriff vgl. § 5 I 3.

[69] Vgl. *Mazeaud - Tunc*, Bd. 1, Nr.694/2, Bd. 2, Nr. 1698 m. w. N.; a. A. *H. et L. Mazeaud*, Bd. 1, 4è éd. Nr. 694, *J. v. Ryn*, Nr. 26, die in restriktiver Auslegung des art. 1315 Abs. 2 CC eine solche Vermutung nur für den Erfüllungsanspruch des Gläubigers, nicht jedoch für seinen Schadensersatzanspruch sehen.

und der Vertragsverletzung. Der Verletzte braucht nur die Verletzung als solche nachzuweisen, nicht jedoch, daß er z. B. infolge des Transportes verletzt wurde. Die Unaufklärbarkeit des Schadens geht zu Lasten des Schädigers.

Begründung für diese von der normalen Beweislastverteilung abweichende Regelung[70] und Anwendung des Artikels 1315 Abs. 2 CC[71], die sich im wesentlichen mit der für die Unterscheidung selbst gegebenen Begründung deckt[72], ist die auf Wahrscheinlichkeitserwägungen beruhende bessere Beweismöglichkeiten für den Schuldner (meilleur aptitude de la preuve)[73]. Das vereinbarte Resultat enthält normalerweise nur ein geringes Risiko, so daß es recht und billig ist, dem Schuldner die Beweislast für die Außergewöhnlichkeit des Nichterfolges bzw. des Schadenseintrittes aufzuerlegen. Es kann dem Gläubiger nicht zugemutet werden, die Schadensursache im Herrschaftsbereich des Schuldners aufzuspüren[74].

b) Beweislast bei der obligation moyens

Etwas anderes gilt bei der o. moy. Da der Schuldner im Hinblick auf die Ungewißheit („caractère aléatoire") der Erfüllung seiner Vertragspflicht nur sein sorgfältiges Bemühen versprechen kann, wäre es unbillig, den Gläubiger den Nichteintritt des gewünschten Ereignisses beweisen zu lassen. Erwägungen der „meilleur aptitude de la preuve" greifen daher hier nicht durch, so daß es bei dem ursprünglichen Prinzip bleibt. Der Gläubiger muß wie beim Delikt alle Anspruchsvoraussetzungen[75] nach-

---

[70] Für den Nachweis der inexécution für den Schuldner *Colin - Capitant*, Bd. 2, Nr. 193; *Josserand*, Bd. 2, Nr. 613 - 617; vgl. Übersicht bei *Amiot*, S. 122.

[71] Art. 1315 Abs. 2 CC: "Réciproquement, celui qui se prétend libéré, doit justifier le payement ou le fait qui a produit l'extinction de son obligation."

[72] Das bei den Hauptleistungspflichten zum Erfüllungsversprechen hinzutretende Einstandsversprechen schließt die Beweisfrage ein. Demgegenüber steht bei der o. séc., soweit es die Nebenpflichten betrifft, nur ein fiktives Einstandsversprechen für eine in Wirklichkeit selbständigen Grundsätzen folgende objektive Haftung.

[73] *Mazeaud - Tunc*, Bd. 1, Nr. 694, 2; *Tunc*, J.C.P. 45, 1, 449; *Esmein*, Rev. tr. 1933, 627; *Larguier*, Rev. tr. 1953, 1.
Während im franz. Recht Wahrscheinlichkeitsüberlegungen zu einer globalen Erfolgshaftung geführt haben, spielen dieselben Erwägungen im deutschen Recht — auf den Einzelfall bezogen — die entscheidende Rolle beim prima facie Beweis hinsichtlich des Verschuldens und der Kausalität (vgl. *Weitnauer*, Wahrscheinlichkeit und Tatsachenfeststellung, K. F. 1966, 3 ff. (12).

[74] Dies gilt um so mehr, als sich die Schädigungen heute mehr und mehr im Bereich eines dafür verantwortlich gemachten Unternehmens abspielen. (*Mazeaud - Tunc*, Bd. 1, Nr. 694/3 Anm. 2 bis).

[75] Art. 1315 Abs. 2 CC steht dem nicht entgegen, da die o. moy. von den Redakteuren des CC noch nicht ins Auge gefaßt wurde, sondern erst später von der Rechtsprechung und der Doktrin erfunden wurde.

weisen, d. h, neben dem Schaden, die Pflichtverletzung, die faute[76] und den Kausalzusammenhang zwischen Pflichtverletzung und Schaden.

Die Rechtsprechung hinsichtlich der o. séc.[77], für die sich das Problem weitgehend unbeeinflußt von der Vielzahl der Theorien rein vom praktischen Standpunkt stellt, hat sich, wie die nachfolgende Übersicht zeigen wird, die Unterscheidung für die Frage des Beweises zunutze gemacht. Beweisinhalt und damit die Beweislast bestimmen sich danach, ob eine o. moy. oder eine o. rés. vorliegt.

3. Kriterien der Unterscheidung

Die größte Schwierigkeit bei der Klassifizierung des Obligationsinhalts liegt bei der Bestimmung eines oder mehrerer Kriterien, die den Anspruch auf Allgemeingültigkeit erheben können. Mag der im Vertrag zum Ausdruck gekommene Parteiwillen bei den Hauptleistungspflichten und unter Umständen noch bei der inzwischen fast zu einer solchen erstarkten o. séc. des Transporteurs[78] ein zuverlässiges Kriterium sein, so entfällt er bei den übrigen o. séc. Denn diese werden den Parteien ja gerade unabhängig von ihrem Willen von der Rechtsprechung aufgezwungen.

Auch das im Anschluß an Demogue[79] von Frossard[80] vorgeschlagene Merkmal der Bestimmtheit der Leistung („prestation déterminée ou préstation indéterminée") kann hier nicht weiterhelfen. Denn will man nicht wieder den Parteiwillen herbeiziehen[81], braucht man andere Kriterien, um die Bestimmtheit der Leistung festzustellen.

Das weiter damit im Zusammenhang angebotene Merkmal[82] der beruflichen Stellung des Schuldners beruht zwar auf der zutreffenden Beobachtung, daß normalerweise Angehörige freier Berufe („profession libérale)" nur ihre Dienste zur Verfügung stellen und keinen bestimmten Erfolg versprechen, während Angehörige eines handwerklichen Berufes („métier") einen bestimmten Erfolg versprechen, ist in Wirklichkeit aber nicht mehr als ein Indiz. Denn einmal kann die Leistung der ersten Be-

---

[76] Da bei der o. moy. das sorgfältige Verhalten des Schuldners das Leistungsobjekt ist, fallen hier objektive und subjektive Pflichtwidrigkeit zusammen.

[77] Bei den übrigen Vertragspflichten können sich insoweit Besonderheiten ergeben, als hier allein der Parteiwille entscheidend ist.

[78] So *H. L. Mazeaud*, Leçons, Bd. 2, Nr. 21.

[79] *Demogue*, Bd. 5, Nr. 1237.

[80] *Frossard*, S. 165 ff.

[81] So *Frossard*, s. o.

[82] *Demogue*, s. o.

rufsgruppe auch einen Erfolg zum Inhalt haben[83], zum anderen würde
man ein Kriterium nur durch ein anderes ersetzen, um dann die beiden
Berufsgruppen unterscheiden zu können[84].

a) Das „aléa"

Das heute von der h. M.[85] angewandte Kriterium ist das Risiko (aléa)
hinsichtlich der von den Parteien eingegangenen Verpflichtung. Ihm liegt
folgende Überlegung zugrunde:

Im Grunde genommen hat jede vertragliche Verpflichtung ein sorgfältiges Verhalten des Schuldners zum Leistungsinhalt, während der
Gläubiger den Vertrag abschließt, um einen bestimmten Erfolg zu er-
reichen. Dieser Widerspruch wird dadurch aufgelöst, daß der Erfolg dann
zum Inhalt der Verpflichtung gehört, wenn die Sorgfalt des Schuldners
normalerweise das Ziel erreicht. Ist dagegen der Leistungserfolg zu sehr
dem Zufall überlassen, z. B. die Heilung durch den Arzt, so wird das
sorgfältige Verhalten selbst zum Objekt der Verpflichtung, denn in Wirklichkeit kann der Schuldner nur sein Bemühen versprechen. Der Unterschied zwischen den beiden Leistungskategorien hängt daher von den
Umständen ihrer Verwirklichung ab[86].

Schon daraus geht hervor, wie unsicher dieses Kriterium ist. Der Grund
der Unterscheidung ist gleichzeitig auch sein Abgrenzungsmerkmal. Maßgeblich dafür sind mehr oder minder willkürliche Wahrscheinlichkeits-
regeln[87]. Außerdem geht dieses Kriterium in erster Linie von bestimmten
Leistungspflichten aus, wo der Schuldner in der Regel die Leistung unabhängig vom Gläubiger bewirkt. Bei den Sicherungspflichten kommt hingegen noch hinzu, daß die Unsicherheit des Sicherungserfolges maßgeblich von dem Verhalten des zu schützenden Gläubigers abhängt.

---

[83] z. B. der Arzt bei einer Schönheitsoperation: Trib. civ. de la Seine 30. 5.
1938: Gaz. Pal. 1938, 2, 365; Civ. 11. 1. 1943: D.C. 1944, J, 95; oder der Architekt,
wenn er die ganze Bauausführung übernommen hat (Aufsicht u. Planung): Civ.
1è, 15. 5. 1962: Gaz. Pal. 1962, 2, 201.

[84] *Goldschmidt*, S. 153; *Frossard*, S. 162.

[85] *Mazeaud - Tunc*, Bd. 1, Nr. 103 - 4, 151; *Segur*, S. 36 - 38; *Lalou - Azard*,
Nr. 410; *H. L. et L. Mazeaud*, Leçons, Bd. 2, Nr. 21; grundlegend: *Tunc*, La
distinction, Rev. tr. 1945, 1, 449.

[86] *Mazeaud - Tunc*, Nr. 151: "Un aléa négligeable permet alors d'imposer
au débiteur une obligation déterminée alors qu'un aléa important ne permet
de faire peser sur lui qu'une obligation générale de prudence."

[87] *Larguier*, Rev. tr. 1953, S. 1: "Il faut cependant reconnaître qu'il ne peut
être à lui seul (erg. aléa) entièrement déterminant dans le domaine des
obligations de sécurité."
Mazeaud - Tunc, Bd. 1, Nr. 151: "Le critère d'aléa revêt une certaine relativité."

b) Die „rôle actif"

Daher hat die Rechtsprechung, die grundsätzlich auch von dem „caractère aléatoire" der Verpflichtung ausgeht, bei der o. séc. das Kriterium der „rôle actif" bzw. der „participation" des Geschädigten hinzugenommen. Je aktiver sich der Geschädigte bei der Vertragserfüllung beteiligt bzw. aufgrund der Besonderheit des Vertrages beteiligen muß (z. B. Reitunterricht, Benutzung des Skiliftes) oder je größer seine Bewegungsfreiheit ist (z. B. Aufenthalt im Café, in der Badeanstalt etc.) desto weniger ist es gerechtfertigt, den Schuldner i. S. einer „Garantie" für den Schaden einstehen zu lassen.

c) Die „acceptation de risques"

Verwandt damit ist das Kriterium der „acceptation de risques", das von der Rechtsprechung zur Untermauerung ihres zuvor gewonnenen Ergebnisses vor allen Dingen bei Sportveranstaltungen und bei der praktischen Sportausübung herangezogen wird[88]. Dadurch daß sich der Gläubiger freiwillig (consentement) einer besonderen Gefahr unterwirft, übernimmt er ein besonderes Risiko, so daß der Schuldner nur einer o. séc. moy. unterliegt[89].

Wie die Rechtsprechungsübersicht im 2. Teil zeigen wird, sind diese Kriterien eher Indizien als allgemeingültige Unterscheidungsmerkmale, so daß man oft bezüglich des gleichen Sachverhalts sich widersprechende Entscheidungen antreffen kann. Keine Unsicherheit dagegen zeigen die Gerichte beim Transportvertrag, obwohl auch hier ein großes Risiko besteht, daß der Sicherungserfolg durch das unvorsichtige Verhalten des Fahrgastes vereitelt wird[90].

Die hierzu konstante Rechtsprechung und die Mehrzahl der Entscheidungen, die in anderen Verträgen dem Unternehmer eine o. séc. rés. auferlegen, läßt den rechtspolitischen Hintergrund gewahr werden, der wie ein roter Faden die Geschichte der o. séc. durchzieht. Oft zum Nachteil einer einheitlichen Lösung dominieren hier eindeutig auf der sozialen Billigkeit beruhende Überlegungen, die angesichts der technisierten Umwelt zu einer „faute-freien" Gefährdungshaftung führen[91].

---

[88] Vgl. 2. Teil.

[89] z. B. Civ. 1è, 16. 3. 1970: D. 1970, 420: "Alors que la pratique équestre ... implique l'acceptation de certains risques."

[90] Daran knüpft die Kritik an, indem sie auf die Bewegungsfreiheit des Fahrgastes i. Ggs. zur Passivität der Ware hinweist, vgl. 2. Teil, § 7 I.

[91] *Savatier*, Le dommage, D. 1955, chron. 7, S. 7: "Plus étroitement un homme s'y est confié abandonnant sa liberté, à ce mécanisme et à celui qui le dirige, plus doit s'accroître la responsabilité de son gardien; ... dans notre monde

Parallel dazu steht die von der Rechtsprechung und Doktrin[92] teils aus
art. 1384 CC[93] und teils aus der Sachmängelhaftung[94] hergeleitete Theorie, daß der Schuldner für die durch Mängel der bei der Vertragserfüllung
übergebenen oder benutzten Sachen entstandenen Schäden i. S. einer
o. rés. haftet[95].

4. *"Obligation de garantie"*

Da im Zusammenhang mit der o. séc. rés. oft von einer Garantiehaftung
gesprochen wird und auch sonst terminologisch wenig Klarheit herrscht,
ist es notwendig, der o. rés. die o. gar. gegenüberzustellen.

Der Unterschied besteht darin, daß der Schuldner bei der o. gar.[96] selbst
im Falle einer force majeure für den Leistungserfolg einzustehen hat, er
also eine absolute Garantie für den Eintritt derselben abgibt. Das Problem
der faute stellt sich dabei in keiner Weise.

Der scheinbar theoretische Streit, ob diese obligation noch zur „responsabilité" gehört oder nicht[97], gewinnt in dem Maße an Bedeutung, in
dem die Rechtsprechung die Anforderungen an das Vorliegen einer force
majeure bei der Entlastung der o. séc. rés. verschärft und sie allmählich
zu einer vollendeten Garantiehaftung erstarken läßt[98].

Nicht zuletzt aufgrund dieser Entwicklung scheint es nicht verfehlt,
bei der o. gar. von einer „o. rés. renforcée"[99] zu sprechen und sie somit in
das allgemeine vertragliche Haftungssystem einzuordnen. Um eine solche
handelt es sich z. B. bei der Haftung für die Fehlerfreiheit der bei der

---

technique la liberté qui demeure à la personne en garde disparait souvent
presque tout entière."
Juris-Classeur, fasc. III, artt. 1136 - 1145, Nr. 42: "On ne cachera pas que
des considérations d'équité ont pu guider des solutions."

[92] Vgl. *Tunc*, Rev. tr. 1961, 112, Nr. 18 u. 2. Teil.

[93] *Mazeaud - Tunc*, Bd. 2, S. 387 ff.; *Frossard*, S. 272.

[94] *Savatier*, J.C.P. 1954, 2, 4046; 1966, 2, 14582.

[95] Meistens wird selbst die Entlastungsmöglichkeit durch die force majeure
abgelehnt, so daß es sich hierbei in Wirklichkeit um eine obligation de garantie
handelt (vgl. nächsten Abschnitt).

[96] z. B. art. 1625 CC beim Kaufvertrag (Eviktions- u. Sachmängelgarantie);
art. 1790 beim Werkvertrag, art. 1947 CC bei der Verwahrung; art. 2000 CC
beim Auftrag.

[97] Dagegen: *Sanctelette*, De la responsabilité et de la garantie; *Esmein*,
Le fondement, Rev. tr. 1933, 637 ff.
Dafür: *Mazeaud - Tunc*, Bd. 1, Nr. 103 - 8, der die o. gar. neben den o. moy.
und o. rés. als 3. Kategorie aufführt; ebenso Rodière, Rev. tr. 1954, 201, 210.

[98] Vgl. Civ. 1è, 8. 10. 1968: D. 1969, 157; 28. 4. 1969: D. 1969, 650 Anm. G.C.M.;
12. 11. 1969: J.C.P. 1970, 2, 16190 Anm. R. L.

[99] Juris-Classeur, fasc. III. artt. 1136 - 1145, Nr. 28: "C'est seulement à son
contenu que cette obligation se distingue des autres, par la sévérité des devoirs
imposées au débiteur."

Vertragserfüllung gebrauchten Sachen. Es genügt — so auch bei Verträgen, die grds. eine o. moy. enthalten —, daß der Geschädigte die Sachanomalität, d. h. den in der Sache selbst liegenden Fehler als Schadensursache[100] nachweist[101]. Der Schuldner kann sich nicht dadurch entlasten, daß er den Mangel bzw. die Schädlichkeit der Sache nicht hätte erkennen oder verhindern können[102]. Obwohl die Haftung allein durch die Fehlerhaftigkeit der Sache begründet wird, taucht bei der Rechtsprechung bisweilen noch eine inhaltslose und somit imaginäre „faute virtuelle" auf[103].

Ob am Ende der Entwicklung der o. séc. rés. eine reine Garantiehaftung stehen wird, die ihrerseits ein besonderes Versicherungssystem erfordern würde, ist angesichts der widersprüchlichen und oft gegenläufigen Rechtsprechung zweifelhaft.

Vorteile einer gerechteren Risikoverteilung und weitgehenden Vermeidung von Streitfällen[104] ständen unter Umständen Nachteile einer zu weitgehenden Versachlichung des Schadenersatzrechtes gegenüber, welches eine Schwächung des allgemeinen Verantwortungsbewußtseins zur Folge haben könnte[105].

---

[100] *Savatier*, J.C.P. 1966, 2, 14582: "... le fonctionnement normal de son mécanisme."

[101] Jedoch keine Vermutung als „cause génératrice" für den Schaden wie bei art. 1384 CC, da der Geschädigte i. d. R. selbst einen Teil der Obhut über die Sache hat (*Frossard*, S. 279).

[102] *Mazeaud - Tunc*, Bd. 1, Nr. 704 - 11 ff., Bd. 2, Nr. 1408 ff.; *Savatier*, s. o.; *Frossard*, S. 273.

[103] Vgl. *Tunc*, Rev. tr. 1961, 113.

[104] Aus diesem Grund für eine obligation de garantie: *Tunc*, D. 1961, 121; *J. Bigot*, J.C.P. 1965, 2, 14220.

[105] Vgl. dazu *Viney*, Le déclin de la responsabilité individuelle; *Tunc*, Machine et protection d'homme, in Festschrift für Oftinger.

§ 6. Bezugspunkte der Klassifizierung im deutschen Recht

I. Leistungshandlungs- und Leistungserfolgspflicht

Der Dualismus zwischen Leistungshandlung und Leistungserfolg durchzieht das System der Leistungsstörungen im deutschen Vertragsrecht[1]. Vom Gläubiger aus gesehen zielt die Leistung auf die Verwirklichung des Leistungserfolgs (o. rés.) und vom Schuldner aus gesehen auf ein bestimmtes Verhalten (o. moy.) hin. Daher wird, um beide Seiten zu vereinen, Leistung meist als Eintritt eines Leistungserfolgs durch Leistungsverhalten des Schuldners bezeichnet[2], wobei der Schuldner jedoch regelmäßig nur erfolgsgerichtetes Handeln schuldet[3]. Aus dieser Definition ergibt sich schon der Unterschied zum fanz. Recht. Denn handelt es sich bei der Diskussion um den Leistungsbegriff im deutschen Recht um die Erfüllung einer Verbindlichkeit (Schuld)[4], so spielt der Inhalt der Verbindlichkeit — ausgehend von der obligation als Rechtspflicht — im franz. Recht die Schlüsselrolle für den Grad der Einstandspflicht bei einer Pflichtverletzung (Haftung).

Die Tatsache, daß ein Leistungserfolg geschuldet ist, sagt im deutschen Recht noch nichts über die Einstandspflicht aus. Denn diese ist grundsätzlich verschiedenartig geregelt[5] und läßt sich nicht wie im franz. Recht allein nach dem Obligationeninhalt bestimmen.

Hinzu kommt der aus Unmöglichkeit und Verzug resultierende Unterschied zwischen Leistungspflichten, die dem Geschäftsinteresse des Gläubigers dienen, und weiteren Verhaltenspflichten, die seinem Schutz dienen und ihrer Entsprechung in der o. séc. haben[6]. Letztere haben immer ein Verhalten zum Inhalt, während Leistungspflichten sowohl einen Erfolg als auch ein Verhalten zum Ziel haben können. Die Grenze wird zum

---

[1] Vgl. dazu *Wieacker*, Leistungshandlung — Leistungserfolg, Festschrift Nipperdey, S. 783 ff. m. w. N.

[2] So *Wieacker*, S. 812.

[3] So die h. M. vgl. *Larenz*, § 2 I, § 17; *Esser*, § 30, I, m. w. N.

[4] *Blomeyer*, § 2 II 3: „Geschuldete Leistung und Rechtspflicht decken sich hier also nicht. Der Begriff der Schuld als Rechtspflicht wird für die Frage der Pflichtverletzung des Schuldners verwendet ... der Begriff der Schuld als Erreichung des Leistungserfolges entscheidet über die Frage der Erfüllung."

[5] § 276 BGB als Haftungsmaßstab hat als solcher mit dem Inhalt des Schuldverhältnisses nichts zu tun.

[6] So. d. h. M. *Larenz*, § 2 I; *Esser*, § 5.

Teil dadurch verwischt, daß sog. Schutzpflichten zu echten Leistungspflichten erstarkt sind (z. B. die Pflicht des Transportunternehmers, den Fahrgast heil an sein Ziel zu bringen) oder daß Schutzpflichten, die nur zur Sicherung und Durchführung der Leistungspflicht dienen, nicht von den selbständigen Schutzpflichten unterschieden werden können.

Obwohl pauschal den Leistungspflichten zugeordnet, knüpft die Unterscheidung zwischen o. séc. rés. und o. séc. moy. nicht an den Leistungsinhalt als von den Parteien gewolltes Leistungsziel an[7], sondern an einen den Parteien vom Recht zum Schutz der Vertragspartner auferlegten Pflichteninhalt, aus dem sich automatisch die Einstandsverpflichtung ergibt[8].

II. Beweislastverteilung bei positiven Vertragsverletzungen

1. Beweislastumkehr gem. § 282 BGB

Der Gläubiger, der Schadenersatz wegen positiver Vertragsverletzung begehrt, müßte den allgemeinen Grundsätzen nach beweisen, daß eine vertragliche Pflicht verletzt (objektive Pflichtwidrigkeit), infolgedessen ein bestimmter Schaden eingetreten (Kausalzusammenhang) und das Verhalten des Schuldners schuldhaft ist (subjektive Pflichtwidrigkeit). Die heutige h. M. in der Doktrin[9] sieht im Anschluß an Raape[10] in § 282 BGB einen allgemeinen Rechtsgedanken und wendet ihn auch auf die positive Vertragsverletzung an. Danach hat der Gläubiger die objektive Pflichtwidrigkeit und den Kausalzusammenhang zu beweisen, während es dem Schuldner obliegt, sein mangelndes Verschulden nachzuweisen.

Zum Teil[11] wird diese Umkehr der Beweislast auf die Pflichtverletzung im Rahmen des Leistungskreises im Gegensatz zu den Pflichtverletzungen im Schutzkreis beschränkt. Diesem System[12] liegt der Gedanke

---

[7] Eine unterschiedliche Betrachtungsweise ist bei den Leistungspflichten geboten, wo eine rechtlich geschützte Leistungserwartung des Gläubigers besteht.

[8] Dies verkennt m. A. *Stoll*, Beweislastverteilung (S. 538), wenn er von der Sicherungspflicht allgemein als Leistungspflicht ausgeht, sie in Leistungserfolg und Leistungsverhaltenspflicht einteilt und an dieser Zweiteilung die Verwendbarkeit der Klassifizierung im franz. Recht bejaht. Voraussetzung wäre, daß alle Verhaltenspichten zu Leistungspflichten erhoben würden.

[9] *Larenz*, § 23 I b m. w. N.

[10] Beweislast, AcP 147, 217 ff.

[11] *Stoll*, AcP 136, 313 u. ähnlich *Esser*, § 79 VIII.

[12] Vgl. dazu die frappierende Parallelität zu dem System Demogue's. Denn eine o. séc. rés. besteht in der Regel bei Sicherungspflichten, die dem Leistungskreis zuzuordnen sind (z. B. beim Transportvertrag), während die o. séc. moy. meistens mit den reinen Schutzpflichten zusammenfallen. In der Tat scheint bei den Fällen der sog. Schlechterfüllung, die mit dem Leistungserfolg (résultat) noch im unmittelbaren Zusammenhang stehen, eine entsprechende Anwendung des § 282 eher gerechtfertigt als bei den reinen Schutzpflichten, die i. d. R.

zugrunde, daß bei den Schutzpflichten im Gegensatz zu den Leistungspflichten kein besonderes Leistungsinteresse des Gläubigers zugrunde
liegt, weswegen bei letzteren aus Billigkeitserwägungen dem Schuldner
die Entlastung vom Verschulden auferlegt werden müsse.

2. Aufteilung der Beweislast nach Gefahrenkreisen

Die von der Rechtsprechung praktizierte Aufteilung der Beweislast
nach Gefahren bzw. Herrschaftsbereichen schränkt den Umfang der Beweislastverteilung nach § 282 BGB zum Teil ein und geht zum Teil über
ihn hinaus[13].

Nachdem das RG zunächst vom Gläubiger wie die franz. Rechtsprechung bei der o. séc. moy. den Nachweis aller Tatbestandsvoraussetzungen
gefordert hatte[14], entwickelte es bei Verträgen mit Bewahrungselemen-
ten[15] wie Beförderungs-, Gastaufnahme-, Dienst- und Werkverträgen den
Grundsatz, daß der Schuldner bzw. Schädiger sich hinsichtlich der subjektiven Pflichtwidrigkeit entlasten muß, wenn sich aus der Sachlage der
Schluß rechtfertigt, daß er die ihm obliegende Sorgfaltspflicht verletzt
hat und die Schadensursache im Gefahrensbereich des Schuldners liegt[16].
Der BGH, der sich dieser Rechtsprechung anschloß[17], beschränkte die
Beweislastumkehr auch weiterhin grundsätzlich[18] auf Verträge mit Be-
wahrungselementen, die in der Regel einen körperlichen Kontakt voraussetzen. Allerdings stellt sich das Problem auch bei anderen Sicherungs-
pflichtverletzungen und Schlechtleistungen, wo sich der Vertrag nicht
ohne bestimmte Gewähr der Sicherheit des Vertragspartners verstehen
läßt[19].

---

aus Billigkeitsgründen (§ 242 BGB) dem vertraglichen Konzept zugeordnet
wurden.

[13] z. B. in den Fällen, in denen eine objektive Pflichtwidrigkeit noch nicht
feststeht bzw. die genaue Schadensursache unaufgeklärt bleibt; vgl. BGH 8, 239;
Larenz § 23 I; nachfolgende Rechtsprechungsübersicht; *Stoll*, Beweislast, S.
549.

[14] z. B. RG 66, 289 (Maisfall); z. T. wurden bezüglich des Verschuldens auch
die Regeln über den Beweis des ersten Anscheins angewendet und § 282 BGB
dann, wenn die positive Vertragsverletzung gerade in der Erfüllungshandlung
selbst oder in der Beschaffenheit der Vertragsleistung besteht; z. B. RG JW
1908, 237; RG 78, 432 (vgl. den gleichen Grundgedanken bei Stoll, s. Anm. 11).

[15] Vgl. dazu die franz. Rechtsprechung, die dieses Element jedoch als Voraussetzung einer o. séc. überhaupt verlangt.

[16] RG 148, 148; JW 1937, 2190; DR 1944, 182.

[17] BGH 8, 239; 23, 288; 27, 236; 28, 251; VersR 1963, 195; 1964, 72.

[18] Erweiterung nur beim Mietvertrtag, vgl. BGH NJW 1964, 33, und jüngst
auch beim Kaufvertrag, vgl. BGH NJW 1972, 2300, Lieferung verunreinigter
Leitungswasser.

[19] „Nämlich dann, wenn die Gefahrlosigkeit des eigenen Bereichs und die
Ordnungsmäßigkeit und Ungefährlichkeit der Gegenstände und Vorgänge, die
diesen Bereich in Richtung auf den Partner verlassen haben, in Frage stehen."
Koepcke, S. 161, Fn 9.

Obgleich der BGH eine Verteilung der Beweislast nach Gefahrenbereichen hinsichtlich des objektiven Tatbestands abgelehnt hat[20], verkürzt sich in Wirklichkeit die Beweislast des Gläubigers auch hinsichtlich der objektiven Pflichtwidrigkeit[21]. Denn die Tatsache, daß der Gläubiger bei der Vertragsabwicklung geschädigt worden ist und (bzw. infolgedessen) die Schadensursache im Gefahrenbereich des Schuldners zu suchen ist, reicht in der Regel für den Beweis der objektiven Pflichtwidrigkeit aus[22], während der Kausalzusammenhang zwischen Schaden und positiver Vertragsverletzung vielfach über den Anscheinbeweis hergestellt wird[23]. Der Schuldner trägt dann das Risiko der Unaufklärbarkeit des Kausalzusammenhangs[24].

Diese Rechtsprechung, die ebenfalls auf dem Gedanken beruht, daß der geschädigte Gläubiger die Vorgänge im Organisationsbereich des Schuldners nicht wie dieser zu überblicken vermag und sich auf die Sicherheitsvorkehrungen bezüglich der daraus entspringenden Gefahren verläßt, nähert sich der Erfolgshaftung einer o. séc. rés.

Eine solche auch die Kausalität mit einschließende Beweislastumkehr ist stärker und im Interesse des Geschädigten dem bloßen Anscheinsbeweis bezüglich der objektiven Pflichtwidrigkeit[25] überlegen[26]. Auch die Fälle, in denen die Rechtsprechung eine Beweislastumkehr ablehnt, da die Schädigung nicht aus dem Gefahrenkreis des Schuldners herrührt, der

---

[20] BGH VersR 1963, 385; 1964, 1063; 1965, 803; 1969, 470; jedoch gleichzeitig einschränkend durch die Zulassung des Anscheinsbeweises.

[21] Vgl. Diederichsen, Anm. 26.

[22] BGH 8, 239: „... die körperliche Verletzung im Rahmen eines Beförderungsvertrages läßt bis zum Gegenbeweis den Schluß zu, daß der Schuldner seine Vertragspflicht verletzt hat."
Der Fahrgast hat nur zu beweisen, daß er während der Fahrt verletzt worden ist. Durch den Nachweis der Schädigung beweist er implizite die Pflichtverletzung. Die Beweisschwierigkeiten, die sich hier ergeben, betreffen in Wahrheit oft nicht die objektive Pflichtverletzung, sondern den Kausalzusammenhang zwischen Beförderung und Schädigung (so richtig Raape, S. 267, allerdings kommt er nicht, wie die franz. Rechtsprechung und z. T. auch die deutsche Rechtsprechung, zu einer echten Kausalitätsvermutung).

[23] BGH NJW 1969, 1708 (Anscheinsbeweis bezüglich Unfalls aufgrund schadhafter Felgen).

[24] BGH VersR 1963, 54 (Schwimmeisterfall)

[25] Dafür Koepcke, S. 160; Raape, S. 218; die Nähe zum Anscheinsbeweis belegen die Redewendungen des BGH (vgl. Anm. 22) zur Beweislastverteilung nach Gefahrenbereichen (vgl. dazu auch Proelss, S. 71).

[26] Denn der Anscheinsbeweis, der keine Beweislastumkehr darstellt, bewirkt nicht, daß Zweifel an der Schadensursache zu Gunsten des Schädigers gehen, da der Gegenbeweis schon gelungen ist, wenn der Beklagte den typischen Geschehensablauf erschüttert (Rosenberg, Beweislast, S. 184, 363). Allerdings wird oft der Anscheinsbeweis in der Praxis von einer echten Beweislastumkehr nicht unterschieden (da teilweise Übereinstimmung der tragenden Elemente), vgl. dazu: Diederichsen, Beweislastverteilung, KF 1966, 21 ff.

Geschädigte also subjektive und objektive Pflichtwidrigkeit nachweisen muß, decken sich funktionell mit denen der o. séc. moy.

Der wesentlichste Unterschied, der m. E. eine inhaltliche Übertragung der Lösung des franz. Rechts vehindert[27], bleibt nach wie vor die Tatsache, daß die o. séc. rés. nicht eine Verschuldensvermutung enthält, sondern eine Haftung „sans faute", die als Entlastungsbeweis nur die höhere Gewalt (wie z. B. auch in § 1 RHG) zuläßt[28].

Die nachfolgende Rechtsprechungsübersicht wird zwar eine oft weitgehende Übereinstimmung mit den Lösungen im deutschen Recht aufzeigen, die von denselben Gedankengängen getragen wird, jedoch auch erkennen lassen, daß diese Ergebnisse auf einem anderen, durch die unterschiedliche Systemstruktur der beiden Rechte bedingten Weg gewonnen wird.

---

[27] Diesen Unterschied unterschätzt *Stoll*, Beweislastverteilung, S. 547, wenn er hinsichtlich art. 1147 CC nur von einem „strenger gehandhabten Entlastungsbeweis" spricht. Denn bei der o. séc. rés. wird zu Gunsten einer objektiven Haftung die Verschuldenshaftung aufgegeben.

[28] Es genügt nicht, daß der Schädiger im Wege des Gegenbeweises nur das Fehlen der objektiven und subjektiven Pflichtwidrigkeit, d. h. die Beobachtung der im Verkehr erforderlichen Sorgfalt nachweist (so aber *Hils*, S. 167).

Zweiter Teil

Rechtsprechungsübersicht

§ 7. Verträge, die in der Regel eine obligation de sécurité-résultat enthalten

I. Transportvertrag

Die o. séc. beim Transportvertrag ist wohl die einzige Sicherungspflicht, über deren Inhalt als o. rés. sowohl in der Doktrin als auch in der Rechtsprechung volle Einmütigkeit herrscht[1].

Denn seit der Epoche machenden Entscheidung der Cour de Cassation vom 21. 11. 1911[2] ist allgemein anerkannt, daß der Transportunternehmer sich verpflichtet, den Fahrgast heil und sicher („sain et sauf") an sein Ziel zu bringen[3].

Allgemein gerechtfertigt wird diese Erfolgshaftung damit, daß sich der Fahrgast trotz seiner relativen Bewegungsfreiheit kaum von der beförderten Ware unterscheidet, für die artt. 1784 CC, 103 CCom eine o. rés. statuiert. Denn auch er sei mehr oder minder dem Transporteur ausgeliefert und insoweit ein Objekt der Beförderung[4], da der Transportunternehmer neben seiner meist vorhandenen Monopolstellung allein über Material, Geschwindigkeit, Richtung und Personal der Transportmittel verfügt und damit die davon ausgehenden Gefahren beherrscht. Verwahrungs- und Gefährdungselemente bilden gleichermaßen die Begründung für die in erster Linie aus rechtspolitischen und sozialen Erwägungen eingeführte o. séc[5].

---

[1] Vgl. *Mazeaud-Tunc*, Bd. 1, Nr. 154 m. w. N.

[2] D. 1913, 1, 249, Anm. *Sarrut*.

[3] Sobald jedoch keine vertragliche Bindung zwischen Geschädigtem und dem Transporteur besteht und der Unfall durch das dem Transport dienende Material verursacht wird, haftet der Unternehmer nach art. 1384 CC. Dabei entspricht der Haftungsumfang im wesentlichen dem des art. 1147 CC (Civ. 15. 3. 1965, Bull. Civ. 1965, 1, 140).

[4] Vgl. Anm. *Sarrut*, s. o.; *Mazeaud-Tunc*, s. o.

[5] *Mazeaud-Tunc*, s. o.: "Lorsque les tribunaux ont senti la nécessité d'assurer une protection efficace de la victime, ils ont fait appel à l'obligation déterminé de sécurité."

Eine ebenso konstante Rechtsprechung im deutschen Recht legt dem Transportunternehmer die Pflicht auf, den Fahrgast unversehrt an das Ziel zu bringen[6]. Im Gegensatz zu der Sicherheitsgarantie des franz. Rechts[7] hat der Unternehmer aber nur für die Sicherheit zu sorgen, d. h. die notwendigen Sicherheitsvorkehrungen zu treffen, nicht aber die Sicherheit zu garantieren. Ebenso wie im franz. Recht[8] ergibt sich aus der Natur des Vertrages, daß diese Pflicht über den Charakter einer reinen Schutz- bzw. Verhaltenspflicht[9] hinausgeht und den einer Nebenleistungspflicht[10] erhält. Denn die besonderen Gefahren, die der maschinelle Betrieb der Beförderung mit sich bringt, und die dem Fahrgast dabei aufgedrängte passive Rolle lassen den Transportvertrag ohne einen solchen Leistungsinhalt nicht mehr denken.

Die „meilleure aptitude de la preuve" auf seiten des Schuldners ist auch für das deutsche Recht mit der Grund[11], daß der Fahrgast nur beweisen muß, daß er während des Transports verletzt wurde, wohingegen der Beförderer mangelndes Verschulden oder mangelnde Ursächlichkeit seines Pflichtverstoßes nachweisen muß[12]. Das heute von der Rechtsprechung zusätzlich verlangte Kriterium des Gefahrenbereichs bringt keine Verschlechterung für den Geschädigten. Denn in der Regel ereignet sich eine Schädigung während des Transportes im Gefahrenbereich des Unternehmers. Irgendwelche Zweifel, ob wirklich ein ursächlicher oder nur ein zeitlicher Zusammenhang zwischen Beförderung und Verletzung vorliegt, hat grundsätzlich hingegen der Geschädigte auszuräumen. Denn infolge seiner nicht aufgegebenen Handlungs- und Bewegungsfreiheit sei er nicht Objekt, sondern Subjekt der Beförderung[13].

Die franz. Rechtsprechung dagegen, die im Interesse eines möglichst effektiven Schutzes des Fahrgastes seine Selbstschädigungsmöglichkeit für minimal hält und ihn infolgedessen als Objekt betrachtet, läßt den Nachweis eines zeitlichen Zusammenhangs genügen[14]. Beim Sturz eines

---

[6] RG JW 1932, 3704; 1937, 2190; RGZ 66, 15; 83, 343; 124, 49; BGHZ 8, 239.

[7] Anm. *Sarrut*, s. o.: "le voiturier est garant de la sécurité du voyageur. Cette obligation est l'essence du contrat de transport."

[8] Obwohl weitgehend noch in die Gruppe der „obligation accessoire" eingestuft, zählt die o. séc. beim Transportvertrag zu den „obligations essentielles", ohne die der Vertrag kein Bestand hätte, *Mazeaud-Tunc*, Nr. 152.

[9] So aber *Larenz*, Bd. 1, § 23; *Proelss*, S. 77.

[10] *Koepcke*, S. 62; *Stoll*, Beweislastverteilung, S. 543.

[11] Wegen des Charakters der Pflicht als Leistungspflicht scheint eine sonst bestrittene entsprechende Anwendung von § 282 BGB hier unbedenklich.

[12] RG 66, 15: Der Unternehmer ist verpflichtet, für die körperliche Sicherheit der beförderten Personen zu sorgen und einzustehen, sofern er nicht nachweist, daß der Schaden auf ein Verschulden seinerseits nicht zurückzuführen ist. Hinsichtlich der Ursächlichkeit des Pflichtenverstoßes vgl. BGH 28, 239.

[13] *Raape*, S. 267; a. A. BGH 8, 234.

[14] *Mazeaud - Tunc*, Bd. 1, Nr. 155, note 3 (Umfangreiche Rechtsprechungsübersicht).

Kindes aus dem fahrenden Zug z. B. hat nach der Cour de Cassation[15] der Unternehmer nachzuweisen, daß das Kind die Tür geöffnet hat, nachdem zunächst zu dessen Gunsten vor pflichtwidrigem Zustand einer schlecht geschlossenen Tür ausgegangen worden war.

Nach der deutschen Rechtsprechung[16] ist zuerst der nicht ordnungsgemäße Zustand (z. B. des Verschlusses) nachzuweisen, bevor der Unternehmer den Entlastungsbeweis hinsichtlich seines Verschuldens und das seiner Erfüllungsgehilfen führen muß. Dazu genügt der Nachweis, daß der Unternehmer seine allgemeine Sorgfaltspflicht, an die keine allzu hohen Anforderungen zu stellen sind[17], nachgekommen ist: z. B. Hand des Klägers war beim Landungsmanöver des Schiffes gegen die Landungsbrücke gequetscht, der genaue Vorgang war nicht mehr aufzuklären[18];

Hand des Klägers war durch eine Pendeltür verletzt worden[19];

Kläger war mitsamt einer Sitzbank bei hohem Seegang gegen die Reling geschleudert worden[20].

Nach der franz. Rechtsprechung hat der Unternehmer zu seiner Entlastung substantiiert das Verschulden des Fahrgastes nachzuweisen. Gelingt ihm das nicht, so haftet er: z. B. Kläger wurde durch eine sich automatisch schließende Tür verletzt. Weder lag eine Sorgfaltspflichtverletzung der Bahn vor, noch konnte eine des Klägers nachgewiesen werden[21];

Fahrgast war im Autobus hingestürzt. Die Vorgänge konnten nicht aufgeklärt werden, eine Sorgfaltspflichtverletzung lag jedoch wieder nicht vor[22];

Kläger, der seinen Arm aus dem Fenster lehnt, wird verletzt. Trotz leichter Fahrlässigkeit des Fahrgastes volle Haftung der Bahn[23];

---

[15] 16. 6. 1951: D. 1951, 717 (Passagier war von Bord gefallen. Das Hinausfallen allein reicht für die Haftungsvermutung aus); ebenso Civ. 23. 2. 60: J.C.P. 1960, 4è éd. G., 50; a. A. Josserand, Recueil F. Gény, Bd. 2, S. 345, 346; D. 1930, 1, 25.

[16] BGH VersR 1962, 325; ebenso RGJW 1937, 2190; hinsichtlich der besonderen Haftung des RHG vgl. S. 88.

[17] RG 126, 329.

[18] RG 124, 49.

[19] RG 126, 329.

[20] RG 116, 213.

[21] Civ. 1è, 20. 10. 1969: D. 1970, 33.

[22] Civ. 1è, 12. 11. 1969: D. 1970, som. 107.

[23] Civ. 1è, 29. 1. 1963: D. 1963, som. 73, diese Garantie für leichte Fahrlässigkeit des Fahrgastes stellt eine Ausnahme dar. Normalerweise kommen die Gerichte in solchen Fällen zu einer Haftungsteilung (so z. B. das Untergericht), vgl. dazu *Tunc*, Rev. tr. 1963, 101.

Schon diese Beispiele zeigen, daß beim Transportvertrag die Gerichte in beiden Ländern, vor denselben Gegebenheiten stehend, zu verschiedenen systembedingten Lösungen kommen. Das franz. Recht, welches bis auf einige wenige Ausnahmen[24] keine spezielle Gefährdungshaftung kennt, entwickelt eine solche im Rahmen der Vertragshaftung nach art. 1147 CC bei der Personenbeförderung allgemein (alle Transportmittel einschließend).

Das deutsche Recht, das sich im Vertragsrecht ausgehend von dem Verschuldensgrundsatz grundsätzlich mit einer Beweiserleichterung im Wege einer echten Verschuldensvermutung begnügt, hat außerhalb des BGB ein auf Spezialgesetzen beruhendes Gefährdungshaftungsrecht geschaffen[25].

Die Urteile der franz. Gerichte weisen daher mit den deutschen Urteilen bezüglich der Schadensereignisse bei Eisenbahnunfällen, die unter das RGH fallen, eine weitgehende Identität auf. Sowohl nach § 1 RHG als auch nach art. 1147 CC kann sich der Unternehmer nur durch den Nachweis der höhren Gewalt oder des Verschuldens des Geschädigten entlasten. Das im franz. Recht gesondert aufgeführte Verhalten Dritter, fällt unter den Begriff der höheren Gewalt, der sich im wesentlichen mit der force majeure deckt[26]. Das Merkmal „beim Betrieb der Eisenbahn" (§ 1 RHG) weist nur auf den örtlichen und zeitlichen Zusammenhang der Beförderungstätigkeit hin, ohne daß vom Geschädigten ein Kausalitätsnachweis gefordert würde[27]. Übereinstimmend nehmen die Gerichte eine Entlastung des Unternehmers an

— bei außergewöhnlichen Naturkatastrophen: Zugentgleisungen, aufgrund einer außergewöhnlichen Schneewehe[28] oder eines durch Überschwemmung verursachten Erdrutsches[29];

— bei nicht vorhersehbaren Handlungen eines Dritten: Steinwürfe auf fahrenden Zug[30]; Zusammenstoß einer Straßenbahn mit einem Pferde-

---

[24] Vgl. dazu *Ferid*, 2 M 230 bis 236; in jüngster Zeit das dem Atomgesetz entsprechende Gesetz über die „énergie nucléaire" vom 30. 10. 1968.

[25] RHG vom 7. 7. 1871 (geändert 15. 8. 1943); StVG vom 3. 5. 1909 (geändert 14. 12. 1952); LuftVG vom 1. 10. 1922; AtomG vom 23. 12. 1959.

[26] Vgl. § 5, I, 3a.

[27] *Finger*, Eisenbahngesetze, § 1 RHG, Anm. 2: *Wussow*, Unfallhaftpflichtrecht, Rd Nr. 630; BGH NJW 1951, 149.

[28] RG 101, 95; nicht jedoch, wenn nur starker Schneefall RGEE 33, 323.

[29] Bourges 6. 11. 1945; Annales transports 1946, 2, 7; Req. 19. 2. 1924: D.H. 1924. 186; a. A. Civ. 19. 2. 1964 Bull. Civ. 1964, 72, Nr. 98 (hier war jedoch ein Erdrutsch zu befürchten).

[30] RGEE 34, 144; RGJW 1938, 2357; OLG Hamm EE 45, 93; Civ. 21. 1. 1946: D. 1946, 131; 12. 1. 1965: D.S. 1965, 365, 2è espèce Anm. *Esmein;* Gaz. Pal. 1965, 1, 289; a. A. Civ. 1è, 19. 11. 1960: Bull. Civ. 1, Nr. 520, S. 424; Civ. 1è, 17. 12. 1964: J.C.P. 1965, 2è éd. G. 13943 (allerdings waren hier die Umstände des Steinwurfs nicht aufklärbar).

wagen, dessen Pferde unmittelbar gescheut hatten[31], mit einem Radfahrer[32] oder Lastwagen[33], mit dessen Verkehrswidrigkeit der Transporteur ausnahmsweise nicht rechnen konnte.

Dabei entspricht das von den französischen Gerichten geforderte Merkmal der Unvorhersehbarkeit und Unvermeidbarkeit der Handlungen Dritter dem Merkmal der Außergewöhnlichkeit, das die deutsche Rechtsprechung verlangt. Denn mit gewöhnlichen Zwischenfällen wie Kopflosigkeit von Fußgängern, Fahrgästen oder Verkehrsteilnehmern muß der Unternehmer immer rechnen[34].

Teilweise im Gegensatz zur deutschen Rechtsprechung[35] werden Bahnattentate nicht als force majeure anerkannt[36]. Allen diesen Fällen ist jedoch die Tatsache gemeinsam, daß die Attentate während unruhiger Zeiten ausgeübt wurden oder gar eigene Leute der Bahn unter Verdacht standen, so daß von einem strengen Standpunkt aus gesehen die Ereignisse vorhersehbar waren.

Unvorhersehbar aber sind Anschläge, die final direkt von einer Person ausgehen[37].

Übereinstimmend wird eine Haftung der Bahn angenommen, wo Materialfehler vorliegen[38] oder wenn Fahrgäste aus ungeklärten Gründen aus dem Zug stürzen[39].

Alleinverschulden des Fahrgastes, das die Bahn entlastet, liegt grundsätzlich beim Auf- oder Abspringen auf den fahrenden Zug oder auf die Straßenbahn vor[40].

---

[31] RG 64, 404; a. A. RGJW 1912, 805 (Zusammenstoß mit einem Kfz.) mit der Begründung, daß Zusammenstöße im Großstadtverkehr häufig vorkämen.

[32] Req. 30. 9. 1940: Gaz. Pal. 1940, 2, 117.

[33] Aix 19. 1. 1949: D. 1950, 337.

[34] RG 44, 27; 50, 92; 54, 404; RGJW 33, 1404; RGEE 28, 94, allerdings schwankt der Maßstab von Fall zu Fall, vgl. dazu die uneinheitliche Rechtsprechung zu den Notbremsungen (Anm. 37, § 3) und OLG Stuttgart VersR 1954, 88 (Ablehnung der höheren Gewalt bei durch Verkehrslage bedingter Notbremsung).

[35] RG 70, 198; a. A. RG Seuff. Arch. 60, Nr. 170 (Blockieren einer Weiche) und RG Warn Rspr. 1920, Nr. 172, wobei auf die typische Betriebsgefahr der Bahn wie Enge und Überfüllung abgestellt wird; dagegen jedoch *Böhmer*, Überspannung der Eisenbahnhaftung, VersR 1965, 422.

[36] Trib. Gr. Inst. de la Seine 8. 5. 1964: Gaz. Pal. 1964, 2, 143 (Bombe war von Leuten gelegt, die sich sehr gut im Bahnbereich auskennen mußten); Civ. 30. 6. 1953: D. 1953, 642 (Attentat während einer Streikperiode) ebenso Paris 22. 4. 1950: J.C.P. 1950, 2, 5728, Anm. *Rodière;* Civ. 12. 1. 1948: J.C.P. 1948, 2, 4144, Anm. *Prier* (Attentat während des spanischen Bürgerkrieges).

[37] Req. 1. 8. 1929: D.P. 1930, 1, 25 Anm. *Josserand* (Überfall auf einen Zugreisenden in einem Tunnel); RGEE 69, 358 (Raubmord in einem Zug).

[38] s. Anm. 15; RGEE 27, 334.

[39] BGH VersR 1954, 495; 56, 194 unter Ablehnung eines Anscheinsbeweises bzgl. eigenen Verschuldens des Herausstürzenden; Paris 12. 2. 1962: D. 1962, som.

[40] BGH VersR 1956, 238; 57, 430; 59, 632; 62, 375; Req. 2. 8. 1938: D.H. 1938, 516.

Die franz. Rechtsprechung bejaht dabei allerdings sehr oft zugunsten des Geschädigten einen Sorgfaltsmangel der Bahn, der auch zur Schadensfolge beigetragen hat, und kommt dann zu einer Haftungs- bzw. Schadensteilung[41].

Unfälle infolge Massenandrangs beim Ein- und Aussteigen — womit der eigentliche Beförderungsvorgang beginnt bzw. endet — fallen nicht unter die höhere Gewalt, da sie kein außergewöhnliches Ereignis darstellen, sondern mit dem Eisenbahnbetrieb zusammenhängen[42] bzw. wegen der Häufigkeit des Andrangs regelmäßig vermeidbar und auch voraussehbar sind[43].

Hinsichtlich der Unfälle auf dem Bahnhofsgelände deckte sich die bisherige französische Rechtsprechung mit der deutschen Rechtsprechung, wonach solche Unfälle grundsätzlich mit der eigentlichen Beförderungstätigkeit in einem örtlichen, zeitlichen und äußeren Zusammenhang stehen[44] und somit unter das RHG fallen. Gemeinsames Merkmal ist der Andrang des Publikums, der eine der Eisenbahn eigentümliche Gefahr darstellt. Der geforderte Nachweis der höheren Gewalt wurde verneint — da das Merkmal der Außergewöhnlichkeit fehlt —, wenn ein aus dem Zug springender Fahrgast einen wartenden Reisenden umstößt[45] oder wenn ein Reisender wegen Gedränges auf dem Weg von der Sperre zum Zug zu Fall kommt[46].

Unfälle aufgrund verunreinigter Bahnsteige wurden von der franz. Rechtsprechung grundsätzlich der Erfolgshaftung unterstellt[47], wobei jedoch unterschiedliche Maßstäbe an den Entlastungsbeweis angelegt werden[48].

---

[41] Req. 19. 3. 1945: D. 1945, 218 (Schadhafter Haltegriff); Civ. 20. 7. 1949: Gaz. Pal. 1949, 2, 322 (Zugabfahrt ohne Signal); Civ. 31. 3. 1965: Gaz. Pal. 1965, 1, som. 16; J.C.P. 1966, 2, 14555, Anm. *Durand* (das Zugpersonal hatte den Fahrgast am Aufspringen nicht gehindert).

[42] RG Recht 1926 Nr. 1482; BGH VersR 1955, 188.

[43] Civ. 1. 6. 1954: Bull. Civ. 1954, 149, Nr. 179; 22. 3. 1960: D. 1961, 701; Trib. Gr. Inst. de la Seine 28. 2. 1966: J.C.P. 1966, 4 éd. G., 104.

[44] *Wussow*, Rd. Nr. 631; a. A. *Weimar*, Hast und Eile beim Eisenbahnbetrieb, MDR 1964, 286.

[45] Civ. 22. 3. 1960: D. 1961, som. 62 (allerdings blieb hier der Dritte unbekannt).

[46] RGJW 1921, 396; 1922, 388; 1925, 1273; KGNJW 1956, 714.

[47] Civ. 4. 3. 1957: Bull. Civ. 1957, 1, 92; Civ. 22. 1. 1962: J.C.P. 1962, 4 éd. G., 35.

[48] Req. 18. 2. 1941: Gaz. Pal. 1941, 1, 356 (Ausrutschen auf einem Zigarettenstummel, force majeure verneint, da Unvorsichtigkeit des Klägers); Paris 4. 2. 1966: Gaz. Pal. 1966, 1, 376 und Civ. 9. 10. 1968: J.C.P. 1968, 15792 (Ausrutschen auf einer Bananenschale, force majeure verneint, da das Bahnhofsgelände den Bestimmungen gemäß gereinigt worden war); ebenso Paris 19. 11. 1954: J.C.P. 1955, 4, éd. G., 27;
Da bei den letztgenannten Entscheidungen die Gerichte in der Tat eine Ergänzung von force majeure und absence de faute vornehmen, um der hier verfehlten strengen Erfolgshaftung zu entkommen, werden sie von den Befür-

Die deutsche Rechtsprechung stellt auch hier darauf ab, ob der Unfall mit durch die Eile und durch die Hast der Fahrgäste verursacht wurde[49]. Andernfalls wird eine Haftung nach RHG abgelehnt[50].

Nach der neuesten französischen Rechtsprechung unterliegt der Unternehmer außerhalb des eigentlichen Beförderungsvorganges nur einer o. séc. moy., so daß jetzt bei allen Unfällen auf dem Bahnhofsgelände der Fahrgast grundsätzlich die faute der Bahn nachweisen muß[51].

Insoweit liegen hier wieder übereinstimmende Bezugspunkte zur deutschen Vertragshaftung vor. Wird z. B. ein Fahrgast beim Überqueren der Gleise[52] oder auf der Bahnhofstreppe[53] verletzt und bleibt der genaue Unfallhergang unaufklärbar, so geht das zu Lasten des Geschädigten. Denn die Umkehr der Beweislast greift nur bei der eigentlichen Beförderung ein. Diese beginnt im Hinblick auf die den Transport eigentümlichen Gefahren (Gefahrenbereich der Bahn) erst mit dem Einsteigen und endet mit dem Aussteigen[54].

Zusammenfassung

Die o. séc. beim Personentransportvertrag nach franz. Recht ist, soweit es die eigentliche Beförderung betrifft, eine vertragliche Gefährdungshaftung[55] hinsichtlich aller Beförderungsmittel. Demgegenüber beschränkt sich die gesetzliche Gefährdungshaftung des RHG, die in Umfang und Inhalt mit der obengenannten o. séc. rés. übereinstimmt, auf die beim Betrieb der „Eisenbahn" verursachten Unfälle.

Außerhalb des Beförderungsvorganges ist sie nach franz. Recht eine Verschuldenshaftung entsprechend der allgemeinen Vertragshaftung im deutschen Recht. Eine Annäherung des deutschen Rechts an die Erfolgshaftung der o. séc. rés. während des Beförderungsvorgangs auch im ver-

---

wortern einer solchen Gleichstellung als Alibi angeführt. Durch die neueste Rechtsprechung, die nun gerade aus diesem Grund die o. séc. rés. zeitlich begrenzt und eine o. séc. moy. annimmt, sind diese Entscheidungen überholt.

[49] OLG Celle VersR. 1957, 604.

[50] RG Warn Respr. 27, 148; OLG Celle VAE 42, 92, Nr. 116 (Sturz auf dem Bahnsteig); RG Warn Respr. 33, 150 Nr. 11; OLG Tübindgen VersR 1953, 264 (Sturz auf Bahnhofstreppen).

[51] Vgl. Anm. 64, § 4.

[52] RG 86, 321; vgl. auch BGHMDR 1959, 640.

[53] Civ. 1. 7. 1969: D. 1969, 670 Anm. G.C.M.

[54] Vgl. *Raape*, S. 274; seine Begründung stimmt fast wörtlich mit der Begründung der Cour de Cassation überein; vgl. Anm. G.C.M. zu Civ. 1. 7. 1969: D. 1969, 670: "l'obligation de sécurité s'attache maintenant au véritable danger de l'exploitation ferroviaire comme déjà avant en ce qui concerne aux transports de route."

[55] So auch *Schlechtriem*, Vertragsordnung und außervertragliche Haftung, S. 133.

traglichen Haftungsbereich liegt insoweit vor, als nach Maßgabe der Lehre vom Herrschafts- und Gefahrenbereich in der Regel gerade diese Vorgänge erfaßt werden, so daß der Unternehmer die Beweislast für sein mangelndes Verschulden und unter Umständen auch für den objektiven Tatbestand trägt.

II. Skiliftvertrag

1. Schlepplift

Da der Skischleppliftvertrag ebenfalls die Beförderung einer Person zum Inhalt hat, wurde er von der franz. Rechtsprechung[56] zunächst als Sonderform des Transportvertrages angesehen. Der Skischleppliftunternehmer hatte die Pflicht, den Benutzer „sain et sauf" auf die Ankunftsplattform zu befördern.

Wenige Zeit später erklärte jedoch die Cour de Cassation[57], daß der Vertrag spezieller Natur sei, da dem Benutzer wegen seiner Teilnahme am Beförderungsvorgang (Bewahrung des Gleichgewichts etc.) eine aktive Rolle zufalle.

Daher unterliege der Unternehmer nur einer o. séc. moy., so daß der Geschädigte im Falle einer Schädigung dem Unternehmer eine faute nachweisen müsse. Bei dieser Spruchpraxis blieb es dann[58] trotz einiger abweichender Entscheidungen der Untergerichte[59].

Mit den fast gleichen Worten lehnt auch die deutsche Rechtsprechung eine Gefährdungshaftung ab, indem sie eine Anwendbarkeit des RHG für den Skischleppvertrag — der im übrigen als Werkvertrag angesehen wird — verneint[60]. Denn der Skischleppliftbenutzer könne auf Art und Weise der Fortbewegung Einfluß nehmen und seine Geschicklichkeit, sportliche Fähigkeit, Standvermögen und seine Aufmerksamkeit seien mitentscheidend dafür, ob er das Fahrziel erreicht oder nicht. Deshalb liege auch ein erheblicher Teil der Verantwortung für den Ablauf der Beförderung bei dem Benutzer selbst.

---

[56] Grenoble 11. 3. 1941: Gaz. Pal. 1941, 1, 471; D. 1943, 143 Anm. *Desbois*.

[57] Com. 7. 2. 1949: J.C.P. 1949, 2,4459 Anm. *Rodière; D.* 1949, 377 Anm. *Derrida.*

[58] Ausdrücklich bestätigend Civ. 1è, 8. 10. 1963: J.C.P. 1963, 2, 13429; D. 1963, 750; Gaz. Pal. 1964, 1, 86: "Que si, dans l'exécution de ce contrat, l'exploiteur doit fournir le moyen permettant à l'usager d'atteindre un point élevé, en mettant à sa disposition le matériel approprié à la sécurité et á la facilité du déplacement, l'usager de son côté, joue un *rôle actif*, doit prêter attention et faire preuve d'adresse et de diligence dans l'attitude où le mouvement qui lui encombre pour arriver en dehors de l'espace réservé au fonctionnement de l'appareil."

[59] z. B. Trib. Grand. Inst. de Digne 13. 4. 1960: D. 1960, som. 13.

[60] OLG München VersR 1959, 838 bestätigt durch BGH NJW 1960, 1345 (Skilifte sind nicht mit den Besonderheiten beim Schienenverkehr vergleichbar).

Als zusätzliches Moment kommt wie auch im franz. Recht die „acceptation de risques" dazu. Denn mit der Benutzung des Skischleppliftes sind gewisse Gefahren verbunden, die nicht ausgeschaltet werden können und die daher vom Fahrgast in Kauf genommen werden müssen[61]. Ausdrücklich wird daher auch bei der Vertragshaftung eine Vermutung hinsichtlich des objektiven Tatbestandes einer Pflichtverletzung (z. B. Mängel der Anlage), wie sie z. T. beim Transportvertrag zugelassen wird, abgelehnt[62].

Gerade aber im Hinblick auf das fehlerfreie Funktionieren der Anlage änderte die Cour de Cassation[63] in jüngster Zeit ihre Rechtsprechung. Im betreffenden Fall war der Kläger während des Schleppens von einem herabfallenden Bügel (das „wie" konnte nicht geklärt werden) verletzt und bewußtlos aufgefunden worden. Da ihm keine faute nachgewiesen werden konnte, hatte schon das Untergericht eine Haftung des Unternehmers unter Hinweis auf die vermutete Fehlerhaftigkeit der Anlage bejaht. Dieses Urteil wurde dann von der Cour de Cassation bestätigt, indem dem Unternehmer eine o. séc. rés. auferlegt wurde[64].

Relativiert wird diese Entscheidung durch ein nachfolgendes Urteil der auf diesem Gebiet als kompetent angesehenen Cour d'Appel von Grenoble, die sich dieser neuen Rechtsprechung nicht anschloß, sondern entsprechend der bisherigen Praxis mit Rücksicht auf die aktive Teilnahme des Geschleppten dem Unternehmer nur eine o. séc. moy. auferlegt[65]. Allerdings macht das Gericht auch hier eine Einschränkung. Denn hinsichtlich des einwandfreien Funktionierens der Anlage trägt der Unternehmer die Beweislast, daß ihn keine faute trifft[66].

Bisher ist diese Variante eines neuen Pflichteninhalts mit echter Verschuldensvermutung wie bei der positiven Vertragsverletzung im deutschen Recht bei der o. séc. noch nicht aufgetreten und von der Cour de

---

[61] Vgl. *Scholter*, Haftung bei Skiunfällen, NJW 1960, 560 ff.

[62] OLG München s. o.: „Verunglückt jemand bei Benutzung eines Skischleppliftes, so spricht die allgem. Lebenserfahrung nicht dafür, daß der Unfall auf Mängel der Anlage oder auf Fehler in der Bedienung zurückzuführen ist."

[63] Civ. 1è, 8. 10. 68: D.S. 1969, 157 Anm. *J. Mazeaud;* Gaz. Pal. 1968, 2, 361 Anm. *Rabinovitch.*

[64] Civ. 8. 10. 68 s. o.: "Ayant relevé que le comportement de l'usager d'un remonte-pente doit être exclusif de toute imprudence, négligence, inattention ou maladresse, les juges du fond peuvent, en l'absence de faute établie à la charge de la victime décider que l'entière responsabilité de l'accident incombe à l'exploitant du remonte-pente sur qui pèse une *obligation déterminée de sécurité.*"

[65] Grenoble 15. 10. 69: J.C.P. 1970, 2, 16164 Anm. W.R.: "Le contrat de transport conclu avec l'exploitant de téléski a des règles propres découlant à la fois de la *participation active* du skieur lequel doit faire preuve d'attention, d'adresse et de prudence, et d'une *obligation de moyens* mise à la charge de l'exploitant, lequel doit fournir un matériel correctement entretenu et oberver les règles de surveillance et de prudence imposées par la nature de l'installation."

[66] Vgl. dazu § 7 Abs. 2 StVG.

Cassation noch nicht ausdrücklich übernommen. Daher bleibt abzuwarten, ob sich diese — im franz. Vertragsrecht zwar seltene, aber nicht unbekannte[67] — dritte Pflichtenkategorie durchsetzen wird[68]. Sie böte allerdings den Vorteil, daß die Gerichte in den Fällen, in denen ihnen eine Erfolgshaftung zu streng erscheint, dem Schädiger diese weniger strenge Haftung auferlegen könnten.

In gewisser Übereinstimmung auch mit der von der Cour de Cassation eingeschlagenen Richtung[69] scheint diese Entwicklung — wie auch vereinzelt bei Verträgen, die grundsätzlich eine o. séc. moy. enthalten[70] — dahin zu gehen, daß die o. séc. rés. auf das Funktionieren der Anlage beschränkt bleibt, während sonst der Unternehmer nur einer o. séc. moy. unterworfen ist[71]. Beruht daher die Verletzung auf dem Material oder Anlage des Betriebes (z. B. Herausspringen des Bügels), so muß der Unternehmer zu seiner Entlastung eine faute des Benutzers nachweisen. Bleibt der genaue Hergang ungeklärt, trägt er das Beweisrisiko. Der Nachweis einer mangelnden faute entlastet den Unternehmer nicht. Denn eine solche Entlastungsmöglichkeit würde hier der Tendenz im franz. Recht widersprechen, die den Unternehmer für die Fehlerhaftigkeit seiner Anlagen unbedingt haften läßt, da er aus dem Betrieb dadurch einen Profit zieht, daß er den Benutzer besonderen Gefahren unterwirft[72].

2. Sessellift

Was die Beförderung mit dem Sessellift betrifft, so unterliegt der Unternehmer während der Periode des Ein- und Aussteigens einer o. séc. moy., da der Benutzer dabei noch eine aktive Rolle hat, während der eigentlichen Beförderung hingegen einer o. séc. rés.[73]

3. Seilbahn

Für die Beförderung mit Drahtseilbahnen gilt eine spezialgesetzliche Regelung[74], die der Gefährdungshaftung beim Transportvertrag entspricht.

---

[67] Vgl. § 5, Anm. 60.

[68] Vgl. dazu *Durry*, Rev. tr. 1970, 37.

[69] Denn auch dieser Fall betraf einen Mangel der Anlage.

[70] z. B. beim Arztvertrag hinsichtlich der benutzten Geräte. Rouen 4. 7. 66: J.C.P. 1967, 2, 15272 Anm. *Savatier*; vgl. § 8, VI.

[71] So schon Chambéry 4. 2. 52: J.C.P. 1952, 2, éd. G., 7225 Anm. G.C.; 21. 5. 51: J.C.P. 1951, 2, éd. G., 6516 Anm. *Rodière*; 20. 5. 65: J.C.P. 65, 2, éd. G. 4328 Anm. *Rabinovitch*.

[72] Vgl. *Rabinovitch*, Les sports de montagne et le droit, S. 50; *Durry* s. o.

[73] Cour d'Appel Grenoble 10. 6. 70: Gaz. Pal. 1970, Nr. 318 - 321, S. 9 zust. Anm. *Rabinovitch; Rodière* Gaz. Pal. 1970, 1, 763.

[74] art. 6 des Desetzes vom 8. 7. 1941, abgedruckt nach art. 1384 CC in Petites Codes Dalloz.

Im Gegensatz zum BGH[75], der die Frage nach der Haftung bei Sessel-
liften ausdrücklich offengelassen hat, lehnt das Schrifttum eine Anwendung des RHG für den Sessellift — jedoch nicht für die Seilbahn — ab.
Denn diese Beförderung enthalte nicht die besonderen Merkmale dieser
Gefährdungshaftung wie Schnelligkeit, Masse, Unmöglichkeit des Aus-
weichens und Bremsens[76].

III. Schaustellerverträge bezüglich
mechanisch betriebener Jahrmarktsvergnügen

Zunächst nahmen die Gerichte auch bei diesen Verträgen in Anlehnung
an den Transportvertrag eine o. séc. rés. an[77].

Heute unterscheidet die keineswegs einheitliche Rechtsprechung grundsätzlich danach, ob der Benutzer eine passive Rolle spielt, keine eigene
Initiative entfaltet und in seiner Bewegungsfreiheit eingeschränkt ist
oder ob er aktiv daran teilnimmt und das Jahrmarktsvergnügen gerade
auf der Initiative des Benutzers beruht; er somit also eine gewisse, dem
Vergnügen inhärente Gefahr um ihrer selbst willen in Kauf nimmt. Denn
die mangelnde „participation" des Benutzers bedeutet kein allzu großes
Risiko (aléa) hinsichtlich seiner Sicherheit, so daß ein Unfall eher im
Gefahrenbereich des Unternehmers liegt und eine o. séc. rés. rechtfertigt.
Im anderen Fall dagegen muß der Geschädigte die faute des Unternehmers nachweisen.

Lediglich eine o. séc. moy. aufgrund der aktiven Teilnahme des Benutzers wird insbesondere angenommen:

— bei einer Schiffsschaukel[78], so daß ein Sturz aus unbekannten Gründen den Unternehmer nicht haften läßt;

---

[75] NJW 1960, 1345.

[76] *Schmalzl* Vers.W. 1954, 528; Scholter NJW 1960, 561.

[77] Lyon 7. 12. 28: D. 1928, 2, 17 Anm. *Josserand*: "... un contrat innommé par
lequel le tenancier s'engage à faire parcourir au client un certain nombre de
tours de sa machine sans qu'on résulte un dommage. En cas d'inexécution de
cette obligation de faire, il est responsable contractuellement... à moins qu'il
ne prouve que l'inexécution provient d'une cause étrangère qui ne lui peut
être imputée (artt. 1147. 1148 CC). Ebenso Trib. Civ. Belfort 17. 5. 33: Sem. Jur.
1933, 592; Poitiers 22. 1. 41: Gaz. Pal. 1941, 1, 136; Req. 13. 5. 47: J.C.P. 1948, 2,
4032 Anm. *Rodière;* D. 1947, 348; a. A. Cour d'Appel Rouen 17. 5. 1924: D. 1927,
2, 25 Anm. *Lalou.* (Hier nimmt das Gericht deliktische Haftung an, um der
strengen Haftung der o. séc. rés. zu entgehen, da die o. séc. moy. damals noch
keinen Eingang in die Spruchpraxis der Gerichte gefunden hatte).

[78] Cour d'Appel Rouen 12. 12. 61: Gaz. Pal. 1962, 1, 156: "Lorsqu'il (le tenancier)
offre au client une attraction qui implique un rôle essentiel actif de la part de
l'usager."

6*

— beim Reiten auf einem mechanisch betriebenen Stier[79], wo der Benutzer gewisse Bewegungen machen muß, um sich auf dem Stier zu
halten;

— bei einem Unfall in einem „Teufelsrad" („Roue joyeuse")[80], wo die
Attraktion gerade im Fallen des Teilnehmers besteht und er infolgedessen gerade diese Gefahr akzeptiert.

Mit der gleichen Begründung lehnte der BGH in einem ähnlichen Fall
(der Kläger mußte heil über sog. rollende Tonnen gehen, um seinen Mut
und seine Geschicklichkeit zu beweisen) ab, daß ein Unfall in den Gefahrenkreis eines Schaustellers fällt und somit seine Beweislast aus-
löst[81].

Nimmt dagegen der Benutzer eines mechanisch betriebenen Jahrmarktvergnügens eindeutig eine passive Rolle ein — z. B. bei einer Fahrt
mit einer Schwebebahn[82] oder Achterbahn[83] —, unterliegt der Schaustel-
ler nach franz. Recht einer o. séc. rés.

Was die Unfälle bei den elektrisch betriebenen Boxautos (Autoscooter
bzw. Auto-Tampeuse) betrifft, so scheint die neueste Rechtsprechung[84]
zunächst widersprüchlich zu sein, nachdem sie bisher aufgrund der aktiven Teilnahme des Benutzers übereinstimmend nur eine o. séc. moy. anerkannt hatte[85]. Allerdings unterscheiden sich die Sachverhalte, ohne daß
die Gerichte darauf abgestellt hätten. Im ersten Fall hatte der Benutzer

---

[79] Civ. 1è, 9. 1. 57: J.C.P. 1957, 2, 9915 Anm. *Rodière;* D. 1958, 349 Anm. *Savatier;* Gaz. Pal. 1957, 1, 296.

[80] Civ. 1è, 4. 3. 57: D. 1958, 245 Anm. *Savatier;* Gaz. Pal. 1957, 1, 374; J.C.P.
1957, 2, 9953 Anm. *Esmein:* "Mais attendu que la Cour d'Appel retient que le
risque de chute en cause était *inhérant à la nature même de l'attraction* est
évident que ... était seul capable d'apprécier son attitude physique à l'affronter
et que la détermination de cette aptitude échappait à la société, qu'elle a pu en
déduire que ... avait librement accepté ce risque et que la responsabilité de
celui-ci n'incombait pas dès lors à la société."
Ebenso: Nîmes 25. 1. 1954: J.C.P. 1955, 2, éd. G., 8484 Anm. E.C.; Amiens
30. 3. 55: Gaz. Pal. 1955, 1, 350.

[81] BGH VersR 1959, 462: „Die Rechtsprechung über die Beweislast bei Be-
förderungsverträgen ... oder ähnlichen Verträgen, wie Schaustellerverträge,
setzt den Nachweis voraus, daß die Ursache des Schadenseintritts aus einem
Gefahrenkreis hervorgegangen ist, für den im Zweifel der Unternehmer die
Verantwortung trägt. Bei sog. rollenden Tonnen übernimmt der Schuldner
aber gerade offensichtlich nicht die Verpflichtung, den Benutzer sturzfrei und
wohlbehalten (sain et sauf) durch diese rollenden Tonnen gelangen zu lassen";
ebenso OLG München VersR 1953, 485 (Besucher des Oktoberfests stürzt bei
Benutzung eines sog. Toboggans/Laufteppich).

[82] Civ. 1è, 1. 7. 64: D. 1965 som. 14; Gaz. Pal. 1964. 2, 316, ebenso Aix 15. 11. 57:
Gaz. Pal. 1958, 1, 136; Chateau-Thierry 10. 7. 58: Gaz. Pal. 1959, 1, som. 4.

[83] Civ. 1è, 30. 11. 1959: Bull. Civ. 1, No. 505, S. 417.

[84] Civ. 1è, 30. 10. 1968 (o. séc. moy.); 28. 4. 69 (o. séc. rés.); D. 1969, 650 Anm.
G.C.M.

[85] Civ. 1è, 6. 1. 1959: D. 1959, 106; vgl. auch *Mazeaud-Tunc,* Bd. 1, Nr. 158.

noch nicht im Boxauto Platz genommen, im zweiten dagegen ereignete sich der Unfall während der Fahrt. Entsprechend der neuesten Rechtsprechung zum Transportvertrag[86] scheint der Unternehmer danach einer o. séc. moy. zu unterliegen, solange der Benutzer noch nicht im Auto Platz genommen hat bzw. ab dem Moment, wo er das Auto verlassen hat, einer o. séc. rés. dagegen während der Fahrt[87].

Würde man nur von dem Kriterium der „Rôle actif" ausgehen, müßte man zu einer Ablehnung einer o. séc. rés. kommen. Denn im Gegensatz zum Transportvertrag, wo die Aktivität des Fahrgastes mehr oder minder beschränkt ist, hat hier der Fahrgast die Initiative, da er den Wagen lenkt und gerade gewisse Gefahren in Kauf nimmt (Box-Auto). Sieht man jedoch auch das „risque créé" als Kriterium an — was die Rechtsprechung oft unausgesprochen tut —, so rechtfertigt die Tatsache, daß solchen maschinellen Jahrmarktsvergnügen besondere dynamische Gefahren innewohnen, über die grundsätzlich der Unternehmer die Kontrolle und die Einwirkungsmöglichkeit hat, eine Haftungsvermutung i. S. einer o. séc. rés.[88].

Zu dem gleichen Ergebnis, jedoch aus einem anderen Grund, kommt der BGH in einem gleichgelagerten Fall. Der Kläger hatte sich beim Auffahren seines Boxautos an einem spitzen Gegenstand desselben verletzt. Hier hatte der BGH, das mietvertragliche Element in den Vordergrund stellend, dem Kläger die Garantiehaftung des § 538 BGB für die Fehlerfreiheit der gemieteten Sache zukommen lassen[89].

Obwohl nicht vom Mietvertrag her abgeleitet, entspricht dem der von der franz. Rechtsprechung und Lehre z. T. in gleichgelagerten Fällen angewandte Gedanke, daß für die Fehlerfreiheit der zum Gebrauch überlassenen Gegenstände i. S. einer echten Garantie gehaftet wird[90].

---

[86] Vgl. oben § 7 I.

[87] Vgl. dazu jüngst die allerdings nicht allzu klare Entscheidung der Cour de Cassation vom 12. 1. 70 (D. 1970 som. 55), in der eine faute des Unternehmers bejaht wurde: "Si l'accident est dû à une cause étrangère, un client inconnu ayant bousculé la victime, il n'en résulte pas une exonération pour le directeur qui, étant donné le nombre d'usagers qui se précèdent à la caisse avait commis l'imprudence de ne ménager qu'un trottoir d'une largeur insuffisante entre le guichet et la piste."

[88] Vgl. *Mazeaud*, Anm. D.S. 1969, 151, der sich für eine o. séc. rés. ausspricht: "Si l'initiative des usagers est nécessaire la direction et la contrôle de l'ensemble du jeu appartient à l'exploiteur."

[89] BGH NJW 1962, 908: „Hinsichtlich der Gebrauchsüberlassung haftet „der Vermieter auf Schadensersatz wegen Nichterfüllung aus einem beim Abschluß des Mietvertrags vorhandenen Fehler der Mietsache, der sich auch auf Körperschäden erstreckt, die der Mieter infolge der fehlerhaften Beschaffenheit der Mietsache erleidet ."

[90] Vgl. oben § 5 II 4.

Zusammenfassung

Bei der Frage, ob der Unternehmer eines maschinell betriebenen Jahrmarktvergnügens einer o. séc. moy. oder einer o. séc. rés. unterliegt, kommt es im wesentlichen auf die „rôle actif" bzw. „participation" des Teilnehmers an. Allerdings sind die „acceptations de risque" und das „risque créé" auch mitentscheidend für die Bejahung oder Verneinung einer Erfolgshaftung; in jedem Fall wird für einwandfreie Beschaffenheit der Maschinen und Geräte gehaftet.

Obwohl noch weitgehend auf die oben genannten Kriterien abgestellt wird, geht die Entwicklung der franz. Rechtsprechung eindeutig dahin, daß der Betriebsinhaber hinsichtlich des Funktionierens seiner Gerätschaften im Sinne einer Garantie einstehen muß, während ansonsten eine Haftung nur aufgrund nachgewiesener faute auf seiten des Betriebsinhabers eintritt.

Vergleichbar dazu ist im deutschen Recht einmal die Haftung für Mangelfolgeschäden (§§ 463, 358 BGB)[91], die ebenfalls eine Garantie ohne Rücksicht auf das Verschulden des Schädigers beinhaltet, und der Gedanke der aus dem RHG entnommenen Gefährdungshaftung des § 7 Abs. 2 StVG, wonach dem Halter, der den gefährlichen Betrieb unternimmt, die Gefahren zugerechnet werden, die mit dem Betrieb zusammenhängen.

Zu demselben Ergebnis wie § 7 Abs. 2 StVG, der in solchen Fällen ein sog. unabwendbares Ereignis verneint, kommt die franz. Rechtsprechung, wenn sie regelmäßig ebenfalls den Nachweis der höheren Gewalt nicht für erbracht sieht, falls beim Unfall eine Mangelhaftigkeit der Einrichtungen des Betriebes im Spiele war.

---

[91] Vgl. BGH 50, 200.

§ 8. Verträge, die in der Regel
eine obligation de sécurité-moyens enthalten

I. Unterrichtsvertrag

Sportliche Unterrichtung

Das in jeder Sportart mehr oder minder stark vertretene Verletzungs-risiko bestimmt auch hier, daß die dem Unterrichtenden unbestritten obliegende o. séc. gemäß den obengenannten Kriterien grundsätzlich eine o. moy. ist.

Insbesondere besteht beim Reitunterricht ein großes, dem Schüler be-kanntes Sturzrisiko[1].

Da ein solcher Sturz nach der allgemeinen Lebenserfahrung eher auf dem Verhalten des Reitschülers beruht, ist es nicht gerechtfertigt, den Reitlehrer automatisch haften zu lassen, sondern nur aufgrund eines nachgewiesenen Sorgfaltsmangels[2].

Bestritten ist, ob die o. séc. eine o. rés. ist, wenn der Unfall nicht aus der übernommenen Risikosphäre stammt (z. B. wenn das Pferd aus-schlägt[3]). Dieser Differenzierung liegt wieder der Gedanke zugrunde, daß der Schuldner für die Fehlerfreiheit der bei der Vertragserfüllung benutzten Sachen haftet. Eine vollkommene Gleichstellung von leblosen und lebenden Sachen scheint jedoch nicht angebracht, da bei letzterem das „aléa" immer größer sein wird.

---

[1] Civ. 13. 1. 1969: D. 1969, 237; das glit für den Reitsport insgesamt, so daß auch bei organisierten Reitausflügen der Verantwortliche nur i. S. einer o. séc. moy. haftet; Civ. 16. 3. 1970: D.S. 1970, 421, Anm. *Rodière*, der allerdings den Gedanken der „acceptation des risques" ablehnt; *Durry*, Rev. tr. 1971, 161: "Tout forme d'équitation compte un risque de chute car celui qui s'adonne à ce sport sait fort bien qu'il peut être victime d'une réaction de son cheval. Il existe donc à l'origine un aléa qui a pu être envisagé par les parties lors de la conclusion du contrat."

[2] Civ. 8. 2. 1961: D. 1961, 218; Gaz. Pal. 1961, 1, 367, Anm. *Esmein;* Nîmes 8. 1. 1969: D. 1969, 196.

[3] Dagegen: Paris 25. 3. 1954: D. 1954, 295; J.C.P. 1954, 2, 8094, Anm. *Rodière;* Trib. Gr. Inst. Fontainbleau 10. 2. 1971: Gaz Pal. 1971, som. 70, dafür *H. L. Mazeaud*, Rev. tr. 1959, 479;
Die Cour de Cassation (21. 12. 64: D. 1965, som. 58), die aufgrund einer „vice d'animal" zu einer Haftungsteilung kommt, ging jedoch von einem Leihvertrag („louage d'animal") aus, wo die o. rés. unproblematisch ist; von einem Trans-portvertrag dagegen, als sie die o. séc. rés. bei einem Eselsritt in einem Zirkus bejahte (Civ. 25. 4. 1967: J.C.P. 1967, 15156).

Mit identischer Begründung und gleichem Ergebnis lehnt auch die deutsche Rechtsprechung eine Beweislastumkehr beim Reitunterricht ab, da der Sturz nicht im Gefahrenkreis des Schuldners liegt[4]. Einmal mehr zeigt sich auch hier, daß dieselben Kriterien zur Ablehnung des Gefahren- und Verantwortungsbereichs und der o. rés. führen.

Dieselben Grundsätze gelten auch beim Gymnastikunterricht[5], Tauchunterricht[6], Ski-[7] und Wasserskiunterricht[8]. Denn in all diesen Fällen liegt es weder in der Natur des Vertrages, dem Schüler die Unfallfreiheit zu garantieren, noch würde der Gedanke des „risque créé" eine o. séc. rés. rechtfertigen.

2. Intellektuelle Unterrichtung

Da es sich beim sog. intellektuellen Unterrichtsvertrag nicht ohne weiteres aus der Natur des Vertrages ergibt, daß der Lehrer bzw. die Lehranstalt für die Sicherheit des Schülers zu sorgen hat, wurde zunächst zum Teil eine solche o. séc. überhaupt abgelehnt[9] und der Lehrer ausschließlich der deliktischen Haftung unterworfen.

In der Erkenntnis, daß diese Sicherungspflicht ebenfalls zum richtig verstandenen Unterrichtsvertrag gehört[10], ist eine solche Pflicht heute überwiegend anerkannt[11]. Soweit der Unfall auf eine mangelnde Aufsicht zurückzuführen ist, unterliegt der Lehrer einer o. séc. moy.[12]. Die

---

[4] BGH VersR 1958, 605: „Eine Vermutung oder ein Beweis des ersten Anscheins, daß der Sturz eines Reitschülers auf ein unsachgemäßes Verhalten des Reitlehrers zurückzuführen ist, besteht nicht. Die Gefahr des Sturzes wohnt dem Reitsport inne; sie liegt oder liegt nicht ausschließlich im Gefahren- und Verantwortungsbereich des Reitlehrers."

[5] Paris 10. 12. 1936: Gaz.Pal. 1937, 1, 379; a. A. Colmar 24. 4. 1937: Gaz. Pal 1937: Gaz. Pal. 1937, 2, 215, mit der offensichtlich unzutreffenden Begründung, daß beim Gymnastikunterricht das „aléa" weniger groß sei.

[6] Trib. Gr.Inst. Seine 17. 11. 1965: Gaz. Pal. 1965, 2, 56 (faute bejaht, da fehlerhafte Tauchausrüstung und ungenügendes Training des Schülers).

[7] Trib. Gr. Inst. Grenoble 5. 11. 1963: J.C.P. 1964, 4, éd. G., 28; D. 1964, 207, Anm. *Rabinovitch* (faute bejaht, da Skilehrer Anfänger auf zu gefährliche Piste ließ): "le moniteur de ski *n'est pas tenu d'une obligation de résultat* l'obligeant en tout temps et en toutes circonstances, à ramener ces élèves sains et saufs à la station, mais seulement d'une obligation de moyen qui oblige à adopter toutes les mesures nécessaires pour assurer leur sécurité."

[8] Bourges 1. 6. 1966: J.C.P. 1966, 2, 14744 (faute verneint, da Schüler das Zugseil zu früh losließ).

[9] *Mazeaud-Tunc* (4. Aufl.), Bd. 1, Nr. 157; *Brun*, Nr. 191; Cour d'Appel de Riom 18. 7. 1928: Gaz. Pal. 1928, 2, 784.

[10] Trib. civ. Seine 12. 3. 1954: D. 1954, 282 Anm. *Lalou*, Paris 15. 12. 1955: Gaz. Pal. 1956, 1, 65; Civ. 1è, 17. 11. 64: J.C.P. 1965, 2, 14106, Anm. *Esmein*.

[11] Ein Verwahrungselement ergibt sich sowohl aus dem Willen der Partei als auch aus der sozialen Funktion des Vertrages.

[12] Paris 15. 12. 1955 s. o.: "L'établissement d'enseignement est tenu non de l'obligation de rendre l'élève à ses parents dans le même état physique, où il

Eltern des verletzten Schülers müssen die faute des Lehrers nachweisen, da die Wahrscheinlichkeit eines Unfalls aufgrund eines Fehlverhaltens des Schülers, der seine volle Bewegungsfreiheit behält, größer ist als die einer mangelhaften Aufsicht.

Im Rahmen eines Internatsvertrages geht die Schulleitung im Hinblick auf Leistungen, auf die der Schüler keinen Einfluß hat und die in dem alleinigen Verantwortungsbereich der Schule fallen (z. B. Ernährung und Unterkunft), eine o. séc. rés. ein[13].

3. Beaufsichtigungsvertrag

Die o. séc. als Aufsichtspflicht wird im „contrat de garde" oder „contrat de placement" zu einer von den Parteien gewollten Hauptleistungspflicht und ist dann eine o. rés.[14]. Die Entscheidung wird damit gerechtfertigt, daß zwar eine Selbstschädigungsmöglichkeit für das Kind besteht, es aber der Schuldner gerade übernommen hat, für dessen Sicherheit alle erdenklichen Maßnahmen zu treffen und somit unbedingt für die Sicherheit des Beaufsichtigten auch einzustehen[15]. Die Befürwortung einer o. rés. seitens der Cour de Cassation beruht aber offensichtlich auf dem Alter des Kindes (2 Jahre) und der dadurch verringerten Selbstschädigungsmöglichkeit, so daß es nur daher gerechtfertigt scheint, zu einer Erfolgshaftung zu kommen[16].

Denn die o. séc. der Aufsichtsperson z. B. eines Ferienlagers enthält in der Regel ebenfalls nur eine o. moy.[17]. Im Gegensatz dazu[18] kommt

---

l'a reçu, mais d'une *obligation générale de prudence et diligence."* (Unfall auf dem Schulhof, faute bejaht); Civ. 6. 10. 1964: D. 1965, 233 Anm. *Azard* (Schüler wurde, bevor die Eltern ihn abholen konnten, aus der Schule entlassen, faute bejaht).

[13] Paris 30. 10. 1930: Gaz. Trib. 1931, 1, 269 (Unterkunft war durch Wanzen verseucht); Trib. de Thionville 9. 10. 63: D. 1964, som 8 (Schüler war beim Ausflug verletzt worden, faute bejaht, da vom Lehrer den Schülern ein gefährlicher Abkürzungsweg erlaubt wurde): "Pour le contrat d'un internat, le chef d'un établissement scolaire s'oblige à assurer en toutes circonstances la sécurité au pensionaire qui lui est confié. *Cette obligation de sécurité est une obligation de résultat* pour la prestation et service dont le résultat ne dépend que de celui qui le doit (nourriture et logement, p. ex.) *ou une simple obligation de moyen* si le résultat dépend non seulement de l'action du maître, mais encore de la réaction de l'élève, ce qui est le cas pour l'organisation des loisirs."

[14] Civ. 1è, 7. 7. 1954: D. 1955, 589, Anm. *Esmein;* J.C.P. 1955, 2, 8745, Anm. *Savatier* (Kind wird im Kindergarten verbrüht; die Umstände konnten nicht aufgeklärt werden).

[15] *Mazeaud-Tunc,* Bd. 1, Nr. 159-3.

[16] Vgl. *Savatier,* Anm. s. o.

[17] Civ. 1è, 27. 5. 1957: Bull. Civ. 1, Nr. 240, S. 196; Paris 17. 7. 1953: Gaz. Pal. 1953, 2, 340 (neunjähriges Kind ertrinkt, faute bejaht); Civ. 1è, 13. 5. 1968: D. 1968, 695; Paris 18. 12. 1969: D. 1970, som. 123 (Kind verletzt sich beim Spielen mit der Konservendose, faute bejaht); ebenso Aix 11. 2. 1970: D. 1970, 277.

[18] Im Rahmen der o. moy. muß der Geschädigte neben der faute auch die Ursächlichkeit derselben für den Schaden beweisen.

die deutsche Rechtsprechung eher in die Nähe einer o. rés. Denn der Schwimmlehrer[19] und der Verantwortliche eines „Kinderparadieses"[20] z. B. tragen die Beweislast dafür, daß die konkrete Pflichtwidrigkeit nicht ursächlich für den eingetretenen Erfolg ist. Zweifel darüber gehen zu ihren Lasten.

Zusammenfassung

Die o. séc. bei sportlichen Unterrichtsverträgen ist grundsätzlich eine o. moy., da die „participation active" ein zu großes Risiko für den Sicherungserfolg beinhaltet. Hinzu kommt die „acceptation de risque" von seiten des Schülers, die auch bei der Begründung des gleichen Ergebnisses hinsichtlich der Beweislastverteilung durch die deutsche Rechtsprechung eine wesentliche Rolle spielt.

Neben der normalen o. séc. moy. beim intellektuellen Unterrichtsvertrag besteht aufgrund des Mietcharakters der Leistung wie auch im deutschen Recht (§ 538 BGB) eine o. séc. rés., soweit die Schädigung infolge der Fehlerhaftigkeit von Einrichtungen der sonstigen substantiellen Nebenleistungen im Rahmen eines Internatsvertrages eintritt.

Im Gegensatz zum deutschen Recht, in dem der Aufsichtspflichtige im Rahmen einer speziellen Aufsichtspflicht neben der Verschuldensvermutung auch die Beweislast für die mangelnde Ursächlichkeit der Pflichtwidrigkeit für den Schaden trägt, unterliegt der Aufsichtspflichtige nach der überwiegenden franz. Rechtsprechung nur einer o. séc. moy.

II. Verträge bezüglich der Benutzung von Sportanlagen

Nach der überwiegenden Rechtsprechung beschränkt sich die o. séc. im Rahmen eines solchen Vertrages nicht nur auf die Bereitstellung von fehlerfreien Anlagen[21], sondern enthält auch eine Überwachungspflicht des Unternehmers[22]. Die dem Sport inhärenten Gefahren und die Be-

---

[19] BGHNJW 1962, 959: „Läßt ein Schwimmeister unter grober Verletzung seiner Berufspflicht einen Schwimmschüler ohne Aufsicht und ertrinkt der Schüler während der Zeit, so muß der Schwimmeister beweisen, daß der Verunglückte auch bei sorgfältiger Überwachung nicht hätte gerettet werden können (entsprechend der Rechtsprechung zur Arzthaftung bei groben Behandlungsfehlern).

[20] OLG Koblenz NJW 1965, 2357: „Steht fest, daß der Geschäftsinhaber seine Aufsichtspflicht verletzt hat, und erleidet ein Kind während der Beaufsichtigung einen Unfall, so obliegt dem Geschäftsinhaber im Rahmen vertraglicher Schadensersatzansprüche der Nachweis, daß der Schaden auch bei gehöriger Erfüllung der Aufsichtspflicht eingetreten wäre." (Das besondere Gefahrenrisiko bei Kleinkindern in Rechnung stellend).

[21] So aber *Mazeaud-Tunc*, Bd. 1, Nr. 157-2; Aix 27. 10. 55: J.C.P. 1956, 2, 9020; zust. *H. L. Mazeaud*, Rev. tr. 1956, 332.

[22] Req. 30. 3. 1939: Gaz. Pal. 1939, 1, 897 (Schwimmbad); Civ. 1è, 8. 2. 1961: D. 1961, 254; Gaz. Pal. 1961, 1, 394 (Eisstation).

wegungsfreiheit des Benutzers der Anlage rechtfertigen auch hier wieder grundsätzlich eine o. séc. moy. des Unternehmers. Gleitet ein Benutzer eines Schwimmbades aus[23] oder verletzt er sich beim Sprung vom Sprungbrett[24], so muß er die faute des Schwimmbadinhabers nachweisen. Trifft ein Sorgfaltsmangel der Badeanstalt (ungenügende Angabe der Wassertiefe) und des Geschädigten zusammen, so erfolgt eine Haftungsteilung[25]. Die Überwachungspflicht des Inhabers eines Eisstadions enthält auch die Verpflichtung, gefährliche Spiele zu verhindern und beim Unfall die Identität des Verursachers festzustellen. Andernfalls ist er in faute[26].

Der Inhaber einer „go-cart-Bahn" geht grundsätzlich infolge der aktiven Rolle und des übernommenen Risikos des Benutzers eine o. séc. moy. ein. Infolge der Gefährlichkeit der Anlage (besonderes Gefährdungsmoment), aus der der Besitzer seinen Nutzen zieht (sozialpolitisches Element), sind jedoch an seine Sorgfaltspflicht besonders hohe Anforderungen zu stellen[27]. Von da an ist es nur noch ein kleiner Schritt zur Befürwortung einer Erfolgshaftung hinsichtlich der Ungefährlichkeit der Anlagen und der getroffenen Sicherheitsmaßnahmen[28].

III. Veranstaltungsverträge

1. In geschlossenen Räumen

Es ist unstreitig, daß der Saalinhaber einer o. séc. — ähnlich der des Hoteliers — unterliegt und diese aufgrund der vollen Bewegungsfreiheit des Benutzers sich auf die Verpflichtung beschränkt, die notwendigen Sicherheitsvorkehrungen zu treffen und etwaige besondere Gefahrenquellen in den dem Publikum zugänglichen Räumen zu beseitigen[29]. Daher muß in jedem Einzelfall geprüft werden, ob eine faute

[23] Trib. civ. Seine 9. 2. 1956; Gaz. Pal. 1956, 1, 280; Civ. 1è, 16. 1. 1962: J.C.P. 1962, 4, éd. G., 31 (faute verneint), ebenso im deutschen Recht: OLGE 25, 13 (Kläger trat in Glasscherbe, kein Sorgfaltsmangel); RG Seuff. Arch. 44, 183 (Sorgfaltspflichtverletzung wegen Glätte des Bodens).

[24] Cour de Paris 12. 12. 1958: D. 1959, 167 (faute bejaht, da Schadhaftigkeit des Sprungbrettes); in der Begründung schon auf eine o. rés. hinsichtlich der Fehlerfreiheit der Anlage hinweisend.

[25] Civ. 1è, 7. 3. 1966: J.C.P. 1966, 4, éd. G., 59.

[26] Civ. 1è, 8. 2. 1961 s. o.; Paris 20. 10. 61: J.C.P. 1962, 2, éd. G. 12497; D. 1962, 263; S. 1962, 233.

[27] Aix 27. 6. 1963: Gaz. Pal. 1963, 2, 262; Rev. tr. 1964, 99 (faute bejaht, da keine ausreichenden Sicherheitsvorkehrungen).

[28] So Bordeaux 13. 10. 1966: D.S. 1967, 763: "l'exploitant d'un circuit de karting demeure, à défaut d'une faute prouvée de la victime, pleinement responsable de l'accident en relation directe avec le vice de matériel et l'insuffisance des aménagements."

[29] Grundsätzlich Civ. 1è, 17. 3. 1947: J.C.P. 1947, 2, 3736; D. 1947, 269: "Sauf convention contraire l'entrepreneur de spectacle n'assume pas l'obligation de

des Veranstalters vorliegt. Eine solche ist z. B. nicht vorhanden, wenn die Treppe, auf der der Besucher wegen der notwendigen Dunkelheit (Kino) stürzt, keine besonderen Gefahren aufweist[30].

Dem entspricht im deutschen Recht die der deliktischen Verkehrssicherungspflicht entsprechende vertragliche Sicherungspflicht zur Gefahrloshaltung der Räume, während im Falle der fehlerhaften Beschaffenheit einer Mietsache die Haftung nach § 538 BGB eintritt.

Inhaltlich ist sie identisch mit der o. séc. moy.[31]. Denn die vertragliche Haftung tritt ein, wenn der Aufnehmende nicht alles getan hat, was billigerweise von ihm verlangt werden kann[32]. Eine erhöhte Gefahr verlangt auch erhöhte Aufmerksamkeit.

Allerdings liegt die Beweislast bezüglich des Verschuldens nach der Lehre vom Gefahrenbereich meist beim Veranstalter, hinsichtlich der Kausalität zwischen Pflichtverletzung und Schaden jedoch unter Ablehnung des Beweises des ersten Anscheins aufgrund der Selbstschädigungsmöglichkeit in der Regel beim Geschädigten. Daher geht wie auch bei der o. séc. moy. die Unaufklärbarkeit der Umstände eines Sturzes auf der Nottreppe in einem Filmtheater[33] oder auf der Treppe nach Beendigung einer Veranstaltung[34] zu Lasten des Geschädigten.

2. Unter freiem Himmel

Diese müssen von den ersteren unterschieden werden, da dort in der Regel nur die Gefahrlosigkeit der Räumlichkeiten zur Debatte steht, während hier zusätzlich von der Veranstaltung selbst ausgehende Gefahren bzw. Gefährdungsmomente hinzukommen können.

---

rendre le spectateur sain et sauf à la sortie de son établissement et *s'oblige seulement à prendre dans l'organisation et le fonctionnement de son exploitation toutes les mesures de prudence et de diligence nécessaires* pour assurer de la manière la plus appropriée la sécurité du spectateur."

[30] Civ. 1è, 17. 3. 1947 s. o.; anders jedoch, falls die Treppe kein Geländer hat, Paris 8. 11. 1954: J.C.P. 1955, 4, éd. G., 4.

[31] Der objektive bzw. typisierte Fahrlässigkeitsmaßstab (*Larenz*, Bd. 1, § 19 III) entspricht hier den Anforderungen an die faute bei der o. séc. moy.

[32] OLG München VersR 1951, 182.

[33] BGH VersR 1966, 242: „Die Beweislastregel des § 282 entbeht den Geschädigten nicht des Beweises, daß bei ihm objektiv durch ein Verhalten des Anspruchsgegners eine Rechtsgutverletzung verursacht wurde".

[34] BGH VersR 1965, 520: „Der Umstand, daß ein Treppenbenutzer auf der Stufe der Treppe stürzt und hierbei Schaden erleidet, rechtfertigt ebenfalls dann nicht den Beweis des ersten Anscheins für das Vorhandensein auch der Unfallursächlichkeit eines gefährlichen Zustandes der Treppe, wenn die Möglichkeit naheliegt, daß der Geschädigte allein durch Unachtsamkeit und Ungeschicklichkeit zu Fall gekommen ist".

Daher nimmt die Rechtsprechung zum Teil eine Erfolgshaftung an, wenn die Gefährlichkeit einer Veranstaltung eine Sicherheitsgarantie erfordert.

So z. B. bei einem Unfall aufgrund eines ausbrechenden Wagens beim Autorennen[35] oder eines ausbrechenden Pferdes beim Pferderennen[36], wobei ausdrücklich der Gedanke der „acceptation de risque" mit dem Hinweis auf die Unvereinbarkeit mit der speziellen Vertragsnatur abgelehnt wird[37].

Zu einer entsprechenden Entscheidung kommt das Reichsgericht bei gleichem Sachverhalt. Der Veranstalter eines Pferderennens muß beweisen, daß er die notwendigen Vorkehrungen zum Schutz der Rennbahnbesucher getroffen hat[38].

Die überwiegende Rechtsprechung dagegen entscheidet sich — wohl aufgrund der vom Zuschauer letztlich akzeptierten besonderen Unfallgefahr[39] — für eine o. séc. moy. Daher muß bei einem Rad-[40], Auto-[41], Motorrad-[42] oder Pferderennen[43] ein Sorgfaltsmangel vom Zuschauer nachgewiesen werden. Das scheint jedoch allenfalls unter dem Gesichtspunkt der „acceptation de risque" dann gerechtfertigt, wenn sich der Zuschauer aktiv an der Veranstaltung beteiligt. So z. B. bei einem traditionellen Stiertreiben[44] in Nîmes oder bei einem Tanzspiel auf erkennbar glattem Boden[45].

---

[35] Cour d'Appel Orléans 19. 4. 1937: Gaz. Pal. 1937, 2, 266; D. 1937, 192; Trib. civ, Versoul 28. 6. 1955: Gaz. Pal. 1955, 2, 168 ablehnende Anm. *H. L. Mazeaud*, Rev. tr. 1955, 650: "... il n'invisage pas l'aléa d'un accident."

[36] Lyon 17. 11. 1938: Gaz. tr. 23. 3. 1939; Trib. paix Paris 8. 5. 1941: Gaz. Pal. 1941, 2, 185.

[37] Cour d'Appel Orléans s. o.: "... qu'il ne peut donc être question de la part de ce public de l'acceptation d'un risque qui, non seulement ne se présume pas mais encore serait contraire à l'esprit du contrat."

[38] RGLZ 1916, 1483.

[39] Deutlich wird hier wieder der sich in der Rechtsprechung widerspiegelnde Widerstreit zwischen der aus Vertragsgrundsätzen möglichen Verringerung der Einstandspflicht durch eine besondere Gefahrenübernahme und dem sozialen Element einer Gefährdung, welche eine strenge Haftung erfordert.

[40] Grenoble 13. 1. 1933: Gaz. Pal. 1933, 1, 500; Limoges 11. 5. 1954: J.C.P. 1954, 4, éd. G. 137; Trib. de Nices 20. 3. 1959: D. 1959, 39; Civ. 1è, 28. 11. 1966: J.C.P. 1967, 4 éd. G., 3.

[41] Civ. 1è, 7. 2. 1966: D.S. 1966, 265; ebenso RG 127, 313.

[42] Civ. 1è, 13. 2. 1962: J.C.P. 1962, 4, éd. G., 46.

[43] Civ. 1è, 12. 7. 1954: J.C.P. 1954, 2, 833 Anm. *Blin;* D. 1954, 659; das Untergericht hatte eine o. rés. angenommen (s. auch Anm. 35), da beim Pferderennen besondere Gefahren für das Publikum entstehen, gegen die es sich nicht schützen kann; Civ. 25. 5. 1956: J.C.P. 1956, 4, éd. G. 98; Paris 7. 6. 1963: D. 1964, 43 Anm. *Azard.*

[44] Nîmes 4. 1. 1960: D. 1960, 234; S. 1960, 191 bestätigt durch Civ. 1è, 26. 6. 1963: J.C.P. 1963, 4, éd. G., 112; Gaz. Pal. 1963, 2, 342 (ausdrücklicher Hinweis auf die acceptation de risque); ebenso Civ. 1è, 23. 11. 66: J.C.P. 1966, 4, éd. G., 175; D.S. 1967, 313 Anm. *Cabrillac.*

[45] RG 164, 213 (216), ausdrücklicher Hinweis auf die Gefahrenübernahme.

Zusammenfassung

Der Veranstalter haftet im Sinne einer o. séc. moy. für Schädigungen in seinem Organisationsbereich, insbesondere in den zur Verfügung gestellten Publikumsräumen. Der Geschädigte muß die faute des Veranstalters beweisen.

Im deutschen Recht kommt es dagegen beim Nichteingreifen des § 538 BGB (Fehlerhaftigkeit einer Mietsache) im Rahmen der positiven Vertragsverletzung grundsätzlich zu einer Beweislastumkehr bezüglich des Verschuldens, da Unfälle in den Räumlichkeiten des Veranstalters in der Regel seinem Herrschaftsbereich zuzurechnen sind.

Vereinzelt lassen die franz. Gerichte den Veranstalter von Veranstaltungen unter freiem Himmel i. S. einer o. séc. rés. einstehen, wenn von der Veranstaltung besondere Gefahren ausgehen, gegen die sich der Zuschauer nicht schützen kann. Dabei handelt es sich jedoch wieder meistens um Unfälle aufgrund schadhafter Einrichtungen. Überwiegend wird diese vom Gesichtspunkt der Gefährdung aus billige Erfolgshaftung von der Rechtsprechung unter Hinweis auf die Gefahrenübernahme durch den Besucher abgelehnt. Eine generelle Unterscheidung zwischen Gefahren, die auf mangelhaften Einrichtungen beruhen, und Gefahren anderer Art (z. B. Autoteil fliegt durch die Luft) wird trotz einzelner Entscheidungen in dieser Richtung (noch) nicht gemacht.

IV. Gastaufnahmevertrag

Ähnlich wie im deutschen Recht, wo bei der Haftung für Personenschäden im Rahmen eines Gastaufnahmevertrages grundsätzlich von den Leistungselementen dieses gemischten Vertrages (Kauf, Miete, Verwahrung etc.) ausgegangen wird, stellt das französische Recht auf die Quelle der Schadenszufügung ab. Je nachdem bestimmt sich dann der Haftungsmaßstab der allgemein anerkannten o. séc.[46] ohne Rücksicht darauf, ob es sich um einen Beherbergungs- oder einen Bewirtungsvertrag (Speise- oder Schankwirt) handelt.

Bestätigt durch die Grundsatzentscheidung der Cour de Cassation vom 6. 5. 1946[47] ist überwiegend anerkannt, daß der Gastwirt — in

---

[46] *Mazeaud-Tunc*, Bd. 1, Nr. 159 m. w. N.: "... mais encore ce qui en est le complément indispensable la tranquillité à plus forte raison la sécurité."

[47] J.C.P. 1946, 2, 3246 Anm. *Rodière*; Gaz. Pal. 1946, 1, 259: "le restaurateur *n'est pas tenu de rendre son client sain et sauf à la sortie de son établissement*, mais seulement d'observer dans l'organisation et le fonctionnement de son établissement des règles de prudence et de surveillance qu'exige la sécurité."; ebenso Civ. 14. 3. 1938: Gaz. Pal. 1938, 1, 849; Req. 13. 11. 1945: J.C.P. 1946, 2, 3040 Anm. *Rodière*; Civ. 6. 1. 1947; D. 1947, J, 210; Gaz. Pal. 1947, 1, 119; Amiens 23. 6. 1960: D. 1960, 548; Paris 20. 2. 1967: J.C.P. 1967, 2, éd. G., 15071 a. A. Paris

Anlehnung an die gleiche Lösung beim Veranstaltungsvertrag und Vertrag zur Überlassung von Sportanlagen — für Schäden infolge mangelhafter Einrichtungsgegenstände und Räumlichkeiten nur einer o. séc. moy. unterliegt. Ein vom Geschädigten nachzuweisender Sorgfaltsmangel ist z. B. nicht vorhanden, wenn die Treppe, auf der der Gast gestürzt war, keine besondere Gefahrenquelle aufweist[48] oder der Weg zur Toilette, auf dem sich der Gast irrte und zu Fall kam, ausreichend markiert war[49]. Zur Begründung wird insbesondere darauf abgestellt, daß der Gastaufnahmevertrag im Gegensatz zum Transportvertrag, der ein spezielles Gefährdungselement enthält, nicht besonders die Sicherheit des Gastes im Auge hat, da eine solche besondere regelmäßig vorhandene Gefahrenssituation fehlt. Allerdings wird hierbei das ebenfalls zur o. séc. rés. führende, dem Gastaufnahme-Vertrag eigentümliche Verwahrungselement unterschätzt, so daß letztlich auch hier die Bewegungsfreiheit und damit verbunden die Selbstschädigungsmöglichkeit des Schuldners entscheidend für eine o. séc. moy. sind.

Der von Tunc[50] vorgeschlagenen und erwägenswerten Unterscheidung zwischen Schädigungen, die sich der Gast bei seinem Aufenthalt in den Räumen aufgrund seiner Aktivität (z. B. Ausgleiten) zufügt, und Unfällen, durch die der Gast passiv überrascht wird (z. B. Einsturz der Decke, Aggression durch andere Gäste), wird von der überwiegenden Rechtsprechung nicht gefolgt. Im Gegensatz zu ähnlichen Fällen, wo der Schuldner für die von der Sache ausgehenden Gefahr i. S. einer Gefährdungshaftung haftet, nimmt sie auch hier ohne nähere Begründung eine o. séc. moy. an[51]. Die Unaufklärbarkeit der näheren Umstände des Schadens geht daher zu Lasten des Geschädigten.

---

9. 2. 1943, Gaz. Pal. 1943, 1, 232: trotz Hinweises auf eine o. séc. rés. Bejahung der faute (Unbeleuchtete Kellertreppe); Riom 19. 3. 1937, 293 (Gast wird dem Fahrgast gleichgestellt); Trib. civ. Briancon 23. 11. 1954, Rev. tr. 1955, 304, ebenfalls Bejahung einer faute trotz Hinweises auf eine o. séc. rés. (Koch verbrüht Gast).

[48] Grenoble 9. 12. 1958: Gaz. Pal. 1959, 1, 145.

[49] Civ. 2è, 7. 1. 1959: J.C.P. 1959, 4, éd. G., 191.

[50] *Mazeaud-Tunc*, Bd. 1, Nr. 159; das dort angeführte Beispiel (Paris 10. 2. 1956: D. 1956, 613; S. 1956, 139, Gast wird vom Feuer überrascht) ist trotz Hinweises auf die o. rés. séc. nicht einschlägig, da die faute des Gastwirtes ausdrücklich bejaht wurde. Eine Ausnahme bleibt auch die von Trib. civ. Metz (7. 6. 1957, J.C.P. 1958, 4, éd. G., 52) getroffene Unterscheidung zwischen Schädigung aufgrund der Fehlerhaftigkeit von Einrichtungsgegenständen, die der Gewalt des Gastes unterliegen (z. B. Gedeck, Stuhl etc.) — o. séc. moy. — und Unfällen aufgrund von Personen oder Sachen, die sich seiner Gewalt entziehen — o. séc. rés.

[51] Civ. 1è, 15. 7. 1964: D. 1964, 740; J.C.P. 1964, 2, 13828; Cour d'Appel Paris 16. 11. 1970: D. 1970, 135 (in beiden Fällen wird der Gast von einem umstürzenden Schrank begraben); ebenso Paris 14. 11. 1961: J.C.P. 1962, 2, 12424 (Gast wird von außen mit Steinen beworfen, faute des Gastwirtes verneint).

Daß die Rechtsprechung diese Unterscheidung ablehnt, liegt wohl daran, daß im Einzelfall die Abgrenzung zwischen sogenannten „ruhenden" und „dynamischen" Gefahren[52] schwierig ist[53], und zum anderen an der Überlegung, daß von den Räumlichkeiten als solchen keine besondere Gefährdung ausgeht.

Insoweit besteht ein Gegensatz zu der Praxis der deutschen Gerichte, nach der im Rahmen der dem Gastwirt[54] obliegenden vertraglichen Verkehrssicherungspflicht der geschädigte Gast nur eine Ordnungswidrigkeit der Gasträume nachzuweisen hat, auf der der Unfall beruht. Dabei kommt ihm auch oft der prima facie Beweis zu Hilfe[55]. Der Gastwirt hat seine Sorgfalt nachzuweisen, da ein Mangel solange gegen die Beachtung der Sorgfalt spricht, bis sie nachgewiesen ist[56]. Zu dem Gefahren- und Verantwortungsbereich des Gastwirts wird auch das Verhalten anderer Gäste und sonstiger Personen mit einbezogen, die die Gastwirtschaft betreten können[57].

Mag auch im Einzelfall diese unterschiedliche Ausgangsbasis zu verschiedenen Ergebnissen führen[58], so zeigen sich doch in einer Reihe von Entscheidungen gleiche Ergebnisse, daß die franz. Gerichte von sich aus oft sehr gründlich auf den an und für sich vom Geschädigten zu beweisenden Sorgfaltsmangel eingehen[59] und die deutschen Gerichte oft mit leichter Hand einen Sorgfaltsnachweis annehmen[60].

---

[52] Dafür im Hinblick auf das deutsche Recht *Stoll*, Beweislastverteilung, S. 548, obwohl die Abgrenzung nach Gefahrenbereichen zum gleichen Ergebnis führt.

[53] Vgl. z. .B. RG 65, 11 (Hutleiste fällt dem Gast beim Hutnehmen auf den Kopf).

[54] BGH VersR 1969, 830: „Verpflichtung des Gastwirtes, dafür Sorge zu tragen, daß die Einrichtung der Gaststätte die Gäste nicht in Gefahr bringt, an Leben und Gesundheit Schaden zu erleiden."; ebenso RG 160, 153; 169, 213.

[55] RGJW 1939, 551 (Beweis des ersten Anscheins, daß der Gast auf Speiseresten ausgerutscht ist).

[56] OLG Stuttgart MDR 1959, 1009: „Der Kläger muß objektive Pflichtwidrigkeit und der Beklagte mangelnde subjektive Pflichtwidrigkeit oder mangelnde Ursächlichkeit dieser Pflichtwidrigkeit beweisen. Dem Kläger genügt bereits der Beweis der gefahrdrohenden Beschaffenheit der dem Gast zur Benutzung überlassenen Räume und Gegenstände." Ebenso RGJW 1936, 3182; 1939, 559. Hier handelt es sich um eine Erfolgsschuld, die eine Vermutung der Ursächlichkeit des Verschuldens für den Unfall nach sich zieht.

[57] Vgl. RG 85, 185, BGH VersR 1969, 830.

[58] RGJW 1935 (Gast fällt über Eingangsstufe); ob der Eingang beleuchtet war oder nicht, blieb ungeklärt, das Beweisrisiko lag beim Gastwirt; nach franz. Recht würde die Klage wegen mangelnden Nachweises einer faute abgewiesen werden (vgl. Civ. 14. 2. 1966: D. 1966, 433).

[59] Paris 4. 2. 1943: Gaz. Pal. 1943, 1, 332 (Gast verunglückt auf dem Weg zur Toilette, faute bejaht, da mangelnde Beleuchtung); ebenso RG 103, 263, Trib. Metz 7. 6. 1957 s. Anm. 50 (wackeliger Stuhl bricht unter dem Gast zusammen, faute bejaht); ebenso RG Warn. 1916, 396.

[60] RG 170, 153 (Bühnenfall, Sorgfaltspflichtverletzung verneint); RG 65, 12 (Hutleistenfall, ebenfalls Sorgfaltspflichtverletzung verneint).

Unfälle aufgrund von Mängeln der Einrichtungsgegenstände fallen beim Beherbergungsvertrag, wo das mietvertragliche Element als im Vordergrund stehend angesehen wird, grundsätzlich unter die Garantiehaftung des § 538 BGB[61].

Demgegenüber behält sich die französische Rechtsprechung durch die Befürwortung der auslegungsfähigen o. séc. moy. auch hier Möglichkeit offen, gerade nach dem vorliegenden Einzelfall zu entscheiden.

Eine o. séc. rés. dagegen bejaht die Rechtsprechung wie auch beim Internatsvertrag hinsichtlich der dem Gast gebotenen Speisen und Getränke[62].

Eine Entscheidung in jüngster Zeit[63] geht sogar in die Richtung einer echten Garantiehaftung. Im fraglichen Fall war ein Gast infolge des Genusses von bakteriell verseuchter Fischspeise zu Schaden gekommen. Das Gericht hatte nicht nur entschieden, daß der Gast nicht eine faute des Gastwirtes nachweisen muß, sondern daß die Verseuchung, obwohl sie der Gastwirt unmöglich erkennen konnte, keine force majeure darstellt. Auf die Parallelität dieser Haftung zu der des professionellen Verkäufers wird noch weiter unten einzugehen sein. Auf die sich hier anbietende entsprechende Anwendung der Sachmängelhaftung des Verkäufers für „vice caché" greift das Gericht allerdings ausdrücklich nicht zurück.

Auch im deutschen Recht unterliegen diese Schäden trotz der kaufvertraglichen Elemente nicht der Sachmängelhaftung, sondern der Haftung für positive Vertragsverletzung[64]. Der Grund dafür ist, daß bei diesen Begleitschäden nicht das Erfüllungsinteresse im engeren Sinn, sondern das Erhaltungsinteresse des Geschädigten betroffen wird. Der Geschädigte, der eine Sicherheitsnadel mit dem Gemüse verschluckt[65]

---

[61] RG 169, 84; in der Begründung befindet sich jedoch auch der Hinweis auf den Grundsatz, daß der Betriebsinhaber in der Regel die Gefahren seines Betriebes trägt.

[62] Trib. de la Seine 17. 7. 1959: J.C.P. 1959, 2, 11276 (Gast bricht sich beim Spinatessen an einem Feuerstein den Zahn aus).

[63] Poitiers 7. 1. 1969: D. 1969, 174; Rev. tr. 1971, 671 Anm. *Durry:* "1. Lorsqu'il ne s'agit pas de la qualité gustative ou digestive de mets servis mais de la sécurité de ces clients, *le restaurateur assume l'obligation déterminée de rendre ceux-ci sains et saufs à l'issue de séjour.*
2. L'impossibilité où est, par hypothèse, le cuisinier de découvrir lui-même, dans un produit apparament sain de microbe, qu'il affecte ne constitue pas, pour le restaurateur, un cas de force majeure." Die Parallele zum Deliktsrecht läßt sich nicht verleugnen. Denn auch dort haftet der Halter einer Sache für unentdeckte bzw. unentdeckbare Strukturfehler („vice de structure indéçable") ohne Entlastungsmöglichkeit; vgl. dazu Durry s. o.

[64] str., vgl. *Larenz*, Bd. I, § 37 II c 3 und BGH 50, 200 (Anspruch auf Ersatz von Mangelfolgeschäden beim Fehlen zugesicherter Eigenschaften).

[65] RG Warn RSPR. 1929, 295; vgl. dazu Trib. de la Seine s. o., Anm. 62.

oder Glassplitter mit dem Eis zu sich nimmt[66], muß beweisen, daß der
Schaden auf der verdorbenen Speise beruht. Allerdings dürfte es dem
Gastwirt schwerfallen, seine Sorgfalt nachzuweisen.

Zusammenfassung

Die Sicherungspflicht der Hoteliers, Restaurateure etc. ist hinsichtlich
der Räume, die dem Verkehr der Gäste offenstehen, eine o. séc. moy.
und entspricht bis auf die unterschiedliche Beweislastverteilung für
das Verschulden der vertraglichen Verkehrssicherungspflicht im deutschen Recht. Mietvertragliche Haftungsgrundsätze wie im deutschen
Recht finden im Rahmen der o. séc. keine Anwendung.

Dagegen ist die Sicherungspflicht des Gastwirts hinsichtlich der dar-
gebotenen Speisen eine o. séc. rés., wobei unentdeckbare Mängel keine
force majeure darstellen. Trotz der Ähnlichkeit zur kaufvertraglichen
Sachmängelgarantie findet diese hier keine Anwendung.

V. Anstaltsaufnahmevertrag

Der Vielschichtigkeit des Anstaltsaufnahmevertrags, welcher ähnlich
wie der Gastaufnahmevertrag miet-, kauf-, dienst- und werkvertragliche
Elemente enthält[67], entspricht auch die Verschiedenartigkeit des Inhalts
der o. séc., die es mit sich führt, daß die franz. Rechtsprechung ziemlich
uneinheitlich wirkt.

Unbestritten ist, daß die Anstaltsleitung bzw. deren Hilfspersonen,
soweit es die Heilbehandlung betrifft, wie der Arzt, nur einer o. séc. moy.
unterliegt[68].

Konkretisiert sich jedoch diese Behandlung in bestimmten Leistungen,
z. B. Spritzen oder Bestrahlungen, so verdichtet sich die o. séc. moy. zu
einer o. séc. rés.[69]. Denn mangelnde „rôle actif" und „acceptation de
risques" seitens des Patienten in Verbindung mit dem grundsätzlich

---

[66] RG Warn RSPR. 1915, 13.

[67] Eine genaue Einordnung des Krankenhausvertrages kann hier dahinge-
stellt werden; vgl. dazu *Wussow*, Rd. Nr. 853 ff.

[68] Civ. 6. 3. 1945: D. 1945, 217: "En ce qui concerne l'exécution des prescriptions
médicales les cliniques ne contractent d'autre obligation, vis-à-vis de leur
clientèle, que celle de lui donner avec prudence et diligence des soins attentits
et conscienscieux, à l'exclusion de toute obligation de sécurité résultat."; ebenso Lyon 6. 5. 1957: J.C.P. 1957, 2, 10259.

[69] Civ. 1è, 4. 2. 1959: D. 1959, 153 Anm. *Esmein*; J.C.P. 1959, 2, 11046, Anm.
Savatier; Gaz. Pal. 1959, 1, 154: "... obligation consistant à fournir un liquide
répandant par sa nature et ses qualités au but poursuivi."; das Untergericht
hatte eine Haftung nach art. 1641 CC („vice caché") angenommen, was von der
Cour de Cassation ohne nähere Begründung abgelehnt wurde.

geringen Schädigungsrisiko rechtfertigen das Eintretenmüssen für den Erfolg.

Was die Betreuung und Beaufsichtigung angeht, so befürworten neben Tunc[70] auch einige Untergerichte eine o.séc. rés., da im Gegensatz zum Gastaufnahmevertrag der Patient meist seine Bewegungsfreiheit und damit seine Selbstschädigungsmöglichkeit einbüßt und sich vollständig dem Krankenhaus anvertraut habe[71].

Demgegenüber verlangt die Cour de Cassation, die diesem Umstand keine besondere, eine strengere Haftung rechtfertigende Bedeutung beimißt, bei normalen Krankenhäusern wie auch die deutsche Rechtsprechung eine Sorgfaltspflichtverletzung des Krankenhauses[72].

Das gleiche gilt auch unbestritten für die Haftung eines Heilbades, obwohl auch hier der Patient besondere Betreuungsmaßnahmen verlangen kann[73].

Widersprüchlich ist die Rechtsprechung zur o. séc. bei psychiatrischen Krankenanstalten. Zum Teil reicht aufgrund der in der Natur der Sache bzw. des Vertrages liegenden besonderen Verwahrungspflicht[74] allein die Schädigung des Patienten für die Entstehung der Haftung der Klinik aus (o. séc. rés.), wobei die Eigenhandlung des Patienten (Selbstmord) keine force majeure darstellt[75]. Zum Teil wird aber auch kein Unterschied zu einer normalen Klinik gemacht (o. séc. moy.)[76].

---

[70] *Mazeaud - Tunc,* Bd. 1, Nr. 159-2.

[71] Trib. civ. Marseille 26. 11. 1953: D. 1954, 160; allerdings lag hier wieder ein Begleitschaden einer konkreten Leistung vor (Patient verbrüht sich mit heißer Suppe); Aix 20. 11. 1962: Gaz. Pal. 1963, 1, 339: "La sécurité générale du malade donne lieu à une obligation de sécurité résultat."

[72] Civ. 6. 8. 1945: Gaz. Pal. 1945, 2, 99; Civ. 5. 2. 1963: Gaz. Pal 1963, 417, Anm. *Savatier* (Patient springt im Fieberwahn — erster Fall — bzw. wegen unerträglicher Schmerzen — zweiter Fall — aus dem Fenster); ebenso Civ. 1è, 31. 3. 1965: D. 1966, 554; Poitiers 30. 1. 1963: D. 1963, 431; vgl. auch RGJW 1938, 1246.

[73] Civ. 17. 7. 1961: D. 1961, 647; Gaz. Pal 1961, 1, 175: l'exploitant d'un établissement de bain ne contracte pas envers l'usager une obligation de sécurité allant jusqu'à la garantie d'une indemnité physique"; ebenso Civ. 1è, 3. 2. 1965: D.S. 1965, 349 (Hinweis auf besondere Sicherheitsvorkehrungen); Civ. 23. 10. 1967, 4, éd. G., 171; D.S. 1968, 106; Clermont-Ferrand 19. 2. 1963: D. 1963, 526, Anm. *Azzard* (Hinweis auf eine o. séc. rés., wenn die Schädigung auf der Fehlerhaftigkeit von Einrichtungsgegenständen beruht); vgl. dazu RG DJZ 1902, 435 (Sorgfatlspflichtverletzung bejaht, da Mängel der Bedienung eines Dampfbades).

[74] Im Gegensatz zum normalen Krankenhaus scheint hier der Unterschied gerechtfertigt, allerdings ergibt sich dieser eher aus einer Vereinbarung einer besonderen (Haupt)-Leistungspflicht i. S. eines Verwahrungsvertrages („contrat de garde") als im Rahmen der allgemeinen Sicherungspflicht.

[75] Civ. 1è, 31. 1. 1961, 326; Gaz. Pal. 1961, 316: "en tenant qu'établissement psychiatrique elle était tenue d'une obligation de sécurité dont elle ne pouvait être exonérée que par un événement imprévisible et inévitable auquel ne saurait être assimilé le fait par un malade mental, d'attenter à sa vie." Ebenso Civ. 11. 6. 1963: D. 1964, som. 4, J.C.P. 1963, 2, 13304 (allerdings wird hier zusätzlich eine faute bejaht); Trib. civ. Marseille 29. 11. 1955: J.C.P. 1956, 2, 9050; D. 1956, som. 4; Paris 18. 12. 1961, som. 11; Aix 10. 12. 1964: Gaz. Pal. 1964, 1, 305.

Die deutsche Rechtsprechung nimmt aus ähnlichen Gründen eine verschärfte Sorgfaltspflicht der Klinik an[77], da sie es gerade übernimmt, den Patienten vor Schädigung, insbesondere vor einem Selbstmord zu bewahren.

Zusammenfassung

In Anlehnung an die ärztliche Heilbehandlungspflicht geht auch eine Krankenanstalt grundsätzlich eine o. séc. moy. ein. Hinsichtlich der allgemeinen Betreuung wird dies zum Teil bestritten, da der Patient mehr oder minder passiv dem Krankenhaus ausgeliefert sei.

Konkretisiert sich die Heilbehandlung gegenständlich (Begleitschaden einer bestimmten Leistung) oder kommt es bei der Einlieferung in eine Spezialklinik gerade auf die Sicherheit des Patienten an, so unterliegt die Klinik grundsätzlich (str.) einer Erfolgshaftung.

VI. Arztvertrag

Neben der Behandlungspflicht des Arztes[78] kann im Einzelfall gesondert eine o. séc. rés. treten, nämlich die zusätzliche Verpflichtung, von dem Patienten jegliche Schädigung fernzuhalten.

Die Anerkennung einer solchen selbständigen Nebenpflicht ist bestritten[79], wird aber zum Teil von der Rechtsprechung anerkannt.

Der Sturz eines Patienten vom Behandlungstisch wird von der Cour de Cassation mit der mehr oder minder künstlichen Begründung, daß eine solche Schädigung mit der allgemeinen ärztlichen Behandlungspflicht in engem Zusammenhang stehe, noch derselben als o. moy. zugeordnet[80]. Dagegen unterliegen Schädigungen infolge fehlerhafter Behandlungsapparate, Medikamente oder mangelhafter Laborleistungen

---

[76] Civ. 1è, 2. 3. 1964: Gaz. Pal. 1964, 1, 304 (Patient springt aus dem Fenster, faute verneint); Paris 9. 2. 1962: J.C.P. 1962, 4, éd. G., 63 (faute bejaht).

[77] RGJW 1912, 338 (Sorgfaltspflichtverletzung bejaht, da Möglichkeit zum Aufhängen nicht beseitigt); RG 108, 86 (Sorgfaltspflichtverletzung bejaht, da Geschlechtsverkehr mit Wärterin ermöglicht).

[78] Seit der Entscheidung der Cour de Cassation vom 25. 5. 1936 (s. 1937, 321; D. 1936, 1, 88 concl. Matter) klassisches Beispiel für die o. moy. (vgl. Anm. 32, § 1, 1); ebenso die deutsche Rechtsprechung: RGHRR 1937, Nr. 1301; BGH 4, 138; VersR 1962, 96.

[79] Dafür *Mazeaud - Tunc*, Bd. 1, Nr. 159-2 ohne näher darauf einzugehen; *Esmein*, Anm. D. 1963, 58; *Savatier* Anm. J.C.P. 1966, 2, 14582; *Frossard*, Nr. 387 ff.

[80] Civ. 30. 10. 1962: J.C.P. 1962, 2, 12924 Anm. *Savatier*; Paris 4. 11. 1963: D. 1964, 13; Civ. 29. 10. 1968: Bull. Civ. 1, Nr. 252, in dem das gegenteilige Urteil der Cour de Rouen (4. 7. 1966: J.C.P. 1967, 15272) aufgehoben wird.

(Serumverwechslung, fehlerhafte Blutgruppenbestimmung) einer Erfolgshaftung i. S. einer o. séc. rés.

Denn diesen Unfällen ist gemeinsam, daß sie nicht aufgrund eines
Kunstfehlers des Arztes eingetreten sind, sondern infolge der Mangel-
haftigkeit konkreter Nebenleistungen, die in der Regel kein großes
Risiko beinhalten[81]. Ein unterschiedlicher Behandlungsmaßstab scheint
daher gerechtfertigt[82]. Der Arzt haftet für Verbrennungsschäden, die
der Patient durch ein elektrisches Operationsmesser[83] oder durch die
Explosion eines Narkosegerätes[84] erleidet, da er keine force majeure
nachweisen kann. Eine faute des Arztes lag nicht vor. Zu dem gleichen
Ergebnis kommt die Cour de Cassation[85] bei einer Schädigung durch
Röntgenstrahlen, auch wenn sie noch verbal an einer sogenannten
„faute virtuelle" festhält. Denn sie gibt selbst zu, daß es sich dabei nur
um eine hypothetische faute handelt.

Der Dentist unterliegt ebenfalls einer o. séc. rés., wenn er aufgrund
einer plötzlichen Schmerzbewegung des Patienten (keine force majeure)
diesen mit dem Schleifbohrer an der Zunge verletzt[86]. Eine force majeure

---

[81] *Tunc*, Rev. tr. 1959, 318: "... l'obligation est déterminée lorsque la réali-
sation du but poursuivi a été considéré par les parties comme ne comportant
pas l'aléa."

[82] Denn solche Unfälle haben mit der ärztlichen Kunst als solcher nichts
mehr zu tun. (a. A. *Schlechtriem*, Vertragsordnung, S. 155 ff.). Vielmehr hat auch
der Arzt grundsätzlich wie jeder andere für die Gefahren einzustehen, die von
den von ihm verwandten Einrichtungen und Gerätschaften ausgehen.

[83] Trib. de Gr. Inst. Marseille 3. 3. 1959: J.C.P. 1959, 2, 11118, Anm. *Savatier:*
"... donne des soins attentifs et consciencieux conformes aux données de la
science ... et ... *assurer, d'une façon générale, sa sécurité;* même en dehors de
toute faute précise établie, le chirurgien doit réparer le dommage subi par le
malade si ce dommage, étranger à la maladie traitée, trouve sa source dans
un événement survenu au cours de l'opération ... le chirurgien doit prouver
que cet événement dû à une force étrangère et irrésistible, était pour lui imprévisible ou imputable à un tiers."

[84] Trib. Gr. Inst. Seine 3. 3. 1965: J.C.P. 1966, 2, 145 82 Anm. *Savatier.*

[85] Civ. 1è, 28. 6. 1960: J.C.P. 1960, 2, 11787, Anm. *Savatier* (Die Ursache der
Abweichung der schädigenden Röntgenstrahlen konnte nicht festgestellt werden); ebenso Paris 23. 11. 1959: J.C.P. 1960, 2, 11 49 (bei einer Punktion blieb
das Instrument stecken); mit einer kühnen Konstruktion versucht das Gericht
die faute zu retten; diese bestand danach in der mangelnden Aufklärung über
das Zurücklassen des Instrumentes, obwohl diese mangelnde Aufklärung nicht
für den Schaden ursächlich war; unklar Civ. 16. 11. 1965: D. 1966, 61 (Nadel des
Operateurs bricht, faute verneint).

[86] Trib. Gr. Inst. Meaux 13. 12. 1961: Gaz. Pal. 1962, 2, 44: "attendu que, dans
une certaine mesure, le practicien contracte alors une *obligation de sécurité,*
non pas sans doute quant *à l'intervention elle-même,* dont il ne peut pas ga-
rantir, qu'elle réussira ... *mais en ce qui concerne la manipulation des instru-
ments* ou appareils aux-quelles il aura recours ... ils obligent à ne causer
au patient aucune blessure extérieure à l'intervention ... le practicien soit tenu
à réparation sauf à établir la faute de la victime, le cas fortuit ou de force
majeure."; bestätigt durch Paris 4. 5. 1963: J.C.P. 1963, 2, 13291; Gaz. Pal. 1963,

in Form eines „fait de la victime imprévisible et irrésistible" liegt
jedoch vor, wenn der Patient eigenmächtig seinen Behandlungsstuhl
verläßt und sich dabei verletzt[87], denn dieser Unfall liegt nicht mehr im
Risikobereich des Dentisten.

Für Schädigungen infolge fehlerhafter Blutübertragung haftet der
Arzt ebenfalls, ohne daß es eines faute-Nachweises bedarf. Während
die Cour de Cassation[88], um an der speziellen Arzthaftung festhalten
zu können, nur über einen Vertrag zugunsten Dritter — zwischen Arzt
und Laboratorium zugunsten des Patienten — zur Bejahung der o. séc.
rés. kommt und das die Blutkonserve liefernde Laboratorium für den
Schaden einstehen läßt, haftet nach der Cour d'Appel de Toulouse[89] der
Arzt direkt.

Denn der Stand der Wissenschaft erlaubt es, die Blutprobe genau zu
bestimmen. Das gleiche gilt für das Spritzen eines Serums[90]. Der Erfolg
der Leistung ist normalerweise als sicher anzusehen. In beiden Fällen
konnte nicht geklärt werden, wo die Verwechslung stattgefunden hatte.
Die obengenannten Entscheidungen beruhen auf dem immer im Rahmen
der o. séc. auftretenden Gedanken, daß der Schuldner für die Fehlerfreiheit und das gute Funktionieren der zur Vertragserfüllung gebrauchten Gegenstände und Mittel, mit denen er den Gläubiger gefähr-
den kann, einzustehen hat[91].

In Anbetracht der Tatsache, daß sich Unfälle aufgrund fehlerhaften
Operationsmaterials oft schwer von den allgemeinen Operationsfehlern
unterscheiden lassen, ist es jedoch notwendig, die o. séc. auf Schädigungen zu beschränken, die auf reinem Materialfehler beruhen. Denn

---

2, 260; *Tunc*, Rev. tr. 1964, 94 will aus der Tatsache, daß das Gericht höhere
Gewalt ablehnt, auf eine obligation de garantie schließen. Dies ist hinsichtlich
seines besonderen Standpunktes bezüglich des Gehalts der force majeure (vgl.
oben § 5 I 3a) vertretbar, stimmt jedoch (noch) nicht mit der Rechtsprechung
überein. Denn bei einer echten obligation de garantie dürfte überhaupt kein
Entlastungsbeweis zugelassen werden.

[87] Civ. 18. 12. 1956: Gaz. Pal. 1957, 1, 242.

[88] Civ. 2è, 17. 12. 1954: D. 1955, 169, Anm. *Rodière*; J.C.P. 1955, 2, 8490 und
8559, Anm. *Savatier*; Gaz. Pal. 1955, 1, 54 (von Syphiliserregern verseuchtes
Blut wurde übertragen); ebenso Paris 12. 5. 1959, 26. 1. 1960: D. 1960, 305, Anm.
Savatier; vgl. dagegen BGH Anm. 98.

[89] 14. 12. 1959: J.C.P. 2, 11402, Anm. *Savatier:* "attendu que toutes les fois que
l'activité professionnelle du médecin se cantonne à des travaux laboratoirs ne
comportant, en l'état des données acquises de la science, *aucun aléa*, c'est, con-
trairement à l'opinion de premier juge, par son résultat qu'elle se définit et
qu'il a lieu de l'apprécier."

[90] Civ. 4. 2. 1959: D. 1959, 153, Anm. *Esmein;* J.C.P. 1959, 2, 16046, Anm.
Savatier: "... de fournir un liquide répondant par sa nature et ses qualités au
but poursuivi."

[91] Vgl. *Frossard*, Nr. 395.

nur dort ist das „aléa" weitgehend zurückgedrängt[92]. Aufgrund der engen Verbindung dieser o. séc. mit der Hauptpflicht des Arztes, geht diese außerdem nicht so weit wie die o. séc. rés. beim Transportvertrag, wo der Nachweis der Schädigung allein zur Haftung des Transporteurs genügt. Der Geschädigte muß beweisen, daß der Schaden gerade auf das schlechte oder anormale Funktionieren der Geräte oder die Fehlerhaftigkeit der Mittel zurückzuführen ist[93]. Insoweit ist die o. séc. rés. — im Gegensatz zur klassischen o. séc. rés. beim Transportvertrag — eingeschränkt.

Nach der deutschen Rechtsprechung hat der geschädigte Patient — wenn kein grober Behandlungsfehler vorliegt —[94] grundsätzlich alle Anspruchsvoraussetzungen nachzuweisen, auch wenn das einwandfreie Funktionieren oder die Beschaffenheit der verwendeten Behandlungsgeräte in Frage steht. Eine Anwendung des § 282 BGH wird im Gegensatz zur Literatur[95], die die Beweislastumkehr generell bei der Schlechterfüllung anwenden will, grundsätzlich abgelehnt[96].

Eine Ausnahme würde doch dann gemacht werden können und die Beweislast für die Nichtursächlichkeit der unterlassenen Sicherheitsmaßnahmen (z. B. bei Röntgenaufnahmen) dem Arzt auferlegt werden, wenn nicht Vorgänge biologisch-physiologischer Art, sondern nur technische Verrichtungen in Frage stehen[97].

Mit Hilfe des bei der Arzthaftung wesentlichen prima facie Beweises kommen jedoch die deutschen Gerichte hinsichtlich der Beweislastverteilung[98] grundsätzlich zu vergleichbaren Ergebnissen wie die franz. Rechtsprechung, die eine o. séc. rés. bejaht.

---

[92] Vgl. *Mazeaud*, Rev. tr. 1959, 536; *Savatier*, Anm. J.C.P. 1966, 2, 14582.

[93] *Frossard*, Nr. 391, *Mazeaud*, s. o.

[94] Dann generelle Beweislastumkehr bezüglich des Kausalzusammenhangs zwischen ärztlichem Verhalten und eingetretener Schädigung.

[95] *Rosenberg*, Beweislast, S. 360 ff.; *Raape*, AcP 147, 217; *Larenz*, Bd. 1, § 23, Ib m. w. N.

[96] RGJW 1933, 2701 (Röntgenschäden): „... durch die bloße Tatsache einer Gesundheitsschädigung des Kranken kann kein Schluß auf das schuldhafte Verhalten des Arztes oder der Krankenschwester gezogen werden und dem Arzt die Gefahr der Unaufklärbarkeit des Ursachenverlaufs aufgebürdet werden."; ebenso RGJW 1935, 3540; BGH 4, 138; BGH VersR 1968, 311 (ausdrückliche Ablehnung der entsprechenden Anwendung des § 282 BGB); a. A. OLG Hamm, VersR 1955, 125, Beweislastumkehr dann, wenn wenigstens der Beweis des ersten Anscheins für ein Verschulden des Arztes spricht; vgl. näher dazu Uhlenbruch, Beweisfragen im ärztlichen Haftungsprozeß, NJW 1965, 1057 ff.

[97] So RGHRR 1937, 1301; a. A. *Stoll*, Beweislast, S. 553, der eine Differenzierung ablehnt.

[98] BGH 11, 227 (Haftung des Arztes wegen Übertragung luesverseuchten Blutes); OLG Celle JW 1938, 147; BGH 8, 138 (Haftung des Dentisten): der Anscheinsbeweis findet dann Anwendung, wenn die ärztliche Behandlung einen

Zusammenfassung

Ob beim Arztvertrag, der grundsätzlich nur eine o. moy. begründet, zusätzlich eine o. séc. rés hinzutritt, ist bestritten, wird aber mit einem Teil der Rechtsprechung zu bejahen sein.

Der Arzt (oder die Klinik) haftet im Sinne einer o. rés. dann, wenn Schädigungen des Patienten auf einen Fehler der benutzten Geräte, fehlerhafte Medikamente oder Laborleistungen zurückzuführen sind (Begleitschaden einer mangelhaften Leistung). Die Beweislast dafür trägt der Geschädigte.

Die deutsche Rechtsprechung kommt trotz grundsätzlicher Ablehnung der Beweislastumkehr nach § 282 BGB mit Hilfe des Anscheinsbeweises vielfach zu ähnlichen Ergebnissen.

VII. Kaufvertrag

Bei der umstrittenen Frage, ob der Kaufvertrag ebenfalls eine o. séc. enthält, muß je nach der Schadensursache unterschieden werden zwischen:

1. Schädigungen infolge der mangelhaften Funktion oder Organisation des Betriebes („organisation et fonctionnement du magasin"), insbesondere des Kaufhauses oder Selbstbedienungsladens.

2. Schädigungen infolge der Fehlerhaftigkeit der Kaufsache, d. h. sogenannte Mangelfolge- oder Begleitschäden („préjudice causé par la chose" im Gegensatz zum „préjudice commerciale").

1. Schädigungen infolge mangelhafter Funktion und Organisation des Geschäftsbetriebes

Die Gerichte, die eine auf mangelfreie Funktion und Organisation gerichtete o. séc. entsprechend der Praxis beim Gesamtaufnahme-, Anstaltsaufnahme- und Veranstaltungsvertrag bejahen, ordnen sie durchweg unter die o. moy. ein. Denn aufgrund der Bewegungsfreiheit und Selbstschädigungsmöglichkeit des Käufers kann der Verkäufer immer nur „bonne organisation et bon fonctionnement" des Betriebes schulden.

Dem entspricht im deutschen Recht die Rechtsprechung zur vertraglichen Versicherungspflicht des Verkäufers, insbesondere auch im vorvertraglichen Bereich[99]. Allerdings hat hier der Verkäufer, der alle

---

Schaden zur Folge hat, der nach medizinischer Erfahrung typischerweise auf einen schuldhaften Behandlungsfehler zurückzuführen ist.

[99] RGZ 78, 239 (Linoleumfall); BGH VersR 1961, 1078 (Bananenschalenfall); vgl. näher dazu *Raape*, AcP 147, 217 ff.; *Nirk*, Rechtsvergleichendes zur

Sicherungsmaßnahmen zu treffen und etwaige Gefahrenquellen zu beseitigen hat, die Beweislast für sein mangelndes Verschulden.

Trotz widersprüchlicher Entscheidungen[100] läßt sich in der neueren franz. Rechtsprechung ein starker Trend zur Ablehnung der o. séc. zugunsten einer allgemeinen deliktischen Haftung (art. 1382 ff.) feststellen. Ohne eine nähere Begründung dafür zu geben, hat sich die Cour de Cassation nach einigem Zögern[101] eindeutig für die deliktische Haftung entschieden. Stürzt der Käufer auf dem Verkaufsgelände[102] oder im Kaufhaus[103], so kann er sich entweder nur auf art. 1382 CC oder auf die ihm günstige Haftungsvermutung des art. 1384 CC berufen, wenn der Unfall durch einen Gegenstand verursacht wurde, für den der Kaufhausunternehmer als „gardien de la chose" einzustehen hat.

Von der überwiegend diese Rechtsprechung bejahenden Lehre wird neben technischen Vorteilen (z. B. Gleichbehandlung von Käufern und Nichtkäufern) vor allen Dingen aufgeführt, daß im Gegensatz zu dem Gastaufnahme- und ähnlichen Verträgen, wo der Schuldner eine Dienstleistung verspricht, der allein auf die Übereignung der Ware gerichtete Kaufvertrag von seiner Natur aus nicht auf eine Sicherungspflicht des Verkäufers angelegt sei[104]. Die sowieso schon recht zweifelhafte o. séc. werde hier vollends zur Fiktion, da sie weder durch den Parteiwillen noch durch „coutume" gerechtfertigt werden könne[105].

Haftung für c. i. c., RabelsZ 1953, 310 ff. Ursprünglich hatte das RG eine vertragliche Sicherungspflicht auch abgelehnt: RGJW 1914, 759 (Käufer fällt eine Attrappe auf den Kopf); RGJW 1910, 807 (Käufer kommt auf der Treppe zu Fall).

[100] Insbesondere die Untergerichte bejahten bisher eine o. séc. moy.: vgl. Trib. civ. Marseille 8. 1. 1940: Gaz. Pal. 1940, 1, 217 (Sturz auf der Kaufhaustreppe); Trib. civ. de la Saine 22. 6. 1955: J.C.P. 1955, 2, 8910 (Sturz in den Räumlichkeiten eines Wohltätigkeitsbazars); Trib. civ. de la Seine 27. 2. 1957: Gaz. Pal. 1958, 2, 348, bestätigt durch Cour de Paris 30. 6. 1958: Gaz. Pal. 1959, 2, 348 und Civ. 20. 12. 1960: J.C.P. 1961, 2, 12031, Anm. *Tunc* (Kind wirft einen Hocker von der Brüstung).

[101] Für eine o. séc.: Req. 13. 11. 1945: J.C.P. 1946, 2, 3040, Anm. *Rodière* (Käufer rutscht auf Bananenschale aus); Civ. 20. 12. 1960, s. o. Anm. 100.

[102] Civ. 1è, 7. 11. 1961: D. 1962, J, 146, Anm. *Esmein*: "... le contrat de vente ne fait naître *qu'une obligation de sécurité è l'égard de l'acheteur*, que vainement le pourvoi soutient indépendant de toute vente le commerçant contracte une obligation de sécurité à l'égard de toute personne qui pénètre dans le lieu affecté au commerce et qui est susceptible de se livrer à des achats; qu'en pareils cas seules les règles de la responsabilité délictuelle peuvent être mises en oeuvre."; ebenso Civ. 2è, 19. 11. 1964: D. 1965, 93, Anm. *Esmein*; J.C.P. 1965, 2, 14022, Anm. *Rodière* (zugleich Ablehnung einer c. i. c.). Vgl. auch folgende Entscheidungen.

[103] Civ. 2è, 11. 5. 1966: D. 1966, 735, Anm. *Azard;* ebenso Civ. 1è, 20. 3. 1968: Bull. Civ 2, Nr. 41, S. 91; Rouen 23. 4. 1971: D. 1971, som. 128.

[104] *Lacombe,* S. 554: "... ici l'objet du contrat est indifférent à la sécurité du client ... l'objet principal est une dation."; ebenso *Azard,* Anm. s. o., ähnlich auch für das deutsche Recht *Schlechtriem,* Vertragsordnung, S. 309.

[105] *Lacombe,* s. o.: "Caractère pseudo-contractuel de l'obligation de sécurité"; vgl. auch *Esmein,* La chute dans l'escalier, J.C.P. 1956, 2, 1321.

Dabei wird jedoch übersehen, daß gerade in den Warenhäusern und Selbstbedienungsläden, in denen sich heute der Massenverkauf abwickelt und die neben dem eigentlichen Verkauf eine Reihe von Dienstleistungen erbringen, die Sicherheit des Käufers ebenfalls gefährdet ist. Der an anderer Stelle vertretene und auch hier gültige Gedanke, daß der Betriebsinhaber für die von seinem Betrieb ausgehenden Gefahren einzustehen hat und derjenige die Lasten trägt, der den Profit hat, wird von der Doktrin ohne ersichtliche Begründung beim Kaufvertrag abgelehnt[106].

Allerdings würde die vertragliche Haftung i. S. einer o. séc. moy. den Käufer schlechter stellen als einen sonstigen Dritten. Denn letzteres kann, wenn er durch einen Gegenstand verletzt wird, die Haftungsvermutung des art. 1384 CC in Anspruch nehmen, während der Käufer eine faute des Verkäufers substantiiert nachweisen müßte. Um dem ursprünglichen Postulat der Rechtsprechung für die Einführung der o. séc. gerecht zu werden (bessere Stellung des Geschädigten), müßte man den Kaufhäusern eine o.séc. rés. auferlegen. Ansonsten ist für den Käufer die deliktische Haftung vorteilhafter.

Dies gilt im übrigen für alle Fälle, in denen die Rechtsprechung sich nur für eine o. séc. moy. entscheiden konnte[107], die, abgesehen von eher sekundären Unterschieden, der Haftung nach art. 1382 entspricht.

2. Schädigungen infolge der Fehlerhaftigkeit der Kaufsache (Begleitschäden)

Im Rahmen der Gewährleistung für Sachmängel[108] nach art. 1641 ff. CC ist unbestritten, daß der gewerbsmäßige Verkäufer auch für den Schaden haftet, den der Käufer durch die unerkannten Fehler[109] der Sache an seiner Person erleidet. Die Rolle der o. séc. ist demgegenüber im Rahmen dieser Sachmängelhaftung ungeklärt bzw. streitig.

Bei der Garantie für „vice caché" unterscheidet das franz. Recht zwischen dem gutgläubigen Verkäufer, der gemäß art. 1646 CC nur den

---

[106] s. Anm. 104. Offensichtlich scheint hier die „moderne" Erweiterung des Vertrages zu sehr der traditionellen Auffassung des Kaufvertrages als einem reinen Geben und Nehmen zu widersprechen.

[107] Allerdings stand zum Teil hinter der Konstruktion einer solchen vertraglichen Schutzpflicht gerade auch die Absicht der Gerichte, die zu streng erachtete Haftungsvermutung des art. 1384 CC zu beseitigen (vgl. auch *Stoll*, Handeln auf eigene Gefahr, S. 335).

[108] Zwischen einem Sachmangel im technischen Sinne und der Schädlichkeit der Kaufsache wird hinsichtlich von Mangelfolgeschäden in der Praxis kein Unterschied gemacht.

[109] Für offenkundige Fehler besteht ebenso wie im deutschen Recht (§ 460 BGB) keine Haftung (art. 1642 CC).

Kaufpreis und die durch den Kauf verursachten Kosten ersetzen muß[110], und dem bösgläubigen Verkäufer, der nach art. 1645 CC zum Ersatz jeglichen Schadens verpflichtet ist[111].

Im Hinblick gerade auf die Mangelfolgeschäden versuchte die Rechtsprechung, diesen Unterschied zunächst dadurch aufzuheben, daß sie diese Schäden in die „frais occasionnées par la vente" (art. 1646 CC) hineininterpretierte[112]. Diese Rechtsprechung ist heute aufgegeben, da sie entgegen der Intention des Gesetzgebers und des Vertragsrechtes den Unterschied zwischen gutgläubigem und bösgläubigem Verkäufer gänzlich aufhebt und dem gutgläubigen Verkäufer eine Haftung für unvorhersehbare Schäden auferlegt. Die heutige Praxis[113], die sich auf art. 1645 CC stützt, kommt im Ergebnis auf dasselbe hinaus, da die Vermutung der für eine volle Haftung geforderten Schlechtgläubigkeit des gewerbsmäßigen Verkäufers den Nachweis der Kenntnis ersetzt. Entsprechend dem Grundsatz, daß die Ausübung eines Gewerbes dessen Kenntnis voraussetzt[114], reicht die Tatsache, daß der Verkäufer den Verkauf berufsmäßig vertreibt, bereits für die praktisch unwiderlegliche Vermutung seiner Schlechtgläubigkeit aus[115].

Diese „présomption de mauvaise foi" seitens der Rechtsprechung wird von einem Teil der Doktrin mit einer dem professionellen Verkäufer[116]

---

[110] Art. 1646 CC: "Si le vendeur ignorait les vices de la chose, il ne sera tenu qu'à la restitution du prix, et à rembourser à l'acquéreur les frais occasionnés par la vente."

[111] Art. 1645 CC: "si le vendeuer connaissait les vices de la chose, il est tenu, outre la restitution du prix qu'il en a reçu, de tous les dommages et intérêts envers l'acheteur." Allein die Kenntnis des Fehlers (nicht die fahrlässige Unkenntnis) begründet die Schadensersatzpflicht; Arglist wie nach § 463, Satz, Satz 2 BGB ist nicht erforderlich.

[112] Req. 21. 10. 1925: D. 1926, 1, 9, *Josserand.*

[113] Civ. 1è, 24. 11. 1954: Sem. Jur. 1955, 2, 85, 65; Civ. 10. 2. 59: S. 1959, J, 45 concl. *Planchet;* D. 1959, J, 117; Sem. Jur. 1959, 2, 11063, Anm. *Esmein;* Civ. 1è, 4. 2. 1963: Sem. Jur. 1963, 2, 13159, Anm. *Savatier.*

[114] „Unus quisque peritus esse debet artis suae".

[115] So schon *Pothier,* Traité du contrat de vente Nr. 213, der den Verkäufer als Garant für die „bonté" der Ware ansieht. („Spondet peritiam artis"). Civ. 1è, 24. 11. 1954 s. Anm. 113: "le vendeur qui connaissait les vices, auquel il convient d'assimiler celui qui, par sa profession, ne pouvait pas les ignorer, est tenu, outre la restitution du prix, qu'il a reçu de tous dommages et intérêts envers l'acheteur" (tödlicher Unfall aufgrund der Explosion einer mit unreinem Gas gefüllten Gasflasche, Haftung des Gasverkäufers); ebenso Civ. 19. 1. 1965: D. 1965, 389; Gaz. Pal. 1965, 1, 359; Civ. 28. 11. 1966: D. 1967, 94 (Händler verletzt sich bei der Explosion einer Sprudelflasche, Haftung des Getränkeherstellers) und Civ. 19. 1. 1969; D. 1969, 633; keine Haftung des privaten Verkäufers: Civ. 4. 2. 1963: J.C.P. 1963, 2, 13159 (PKW verunglückt infolge defekter Lenkung, Haftung des Verkäufers abgelehnt).

[116] Dem wird der Fabrikant gleichgestellt. Über die dadurch gegebene Möglichkeit der vertraglichen Produzentenhaftung durch das Aufrollen der Veräußerungskette mittels des „appel en garantie" oder der „action directe" (Gewährleistungsrechte der Zwischenmänner gehen als Zubehör des Kaufgegen-

obliegenden o. séc. rés. begründet[117], die hier aber eher einer o. gar. nahekommt, da der Gegenbeweis einer force majeure bzw. bonne foi allgemein nicht zugelassen wird[118].

Bei dieser Interpretation beruft sich die Doktrin zumeist auf ein Urteil der Cour de Paris[119]. Im betreffenden Fall kaufte der Käufer in einem Selbstbedienungsladen eine Flasche Bier und Sprudelwasser („Vittel-délice"), welche durch die Beleuchtungskörper in den Auslagen erhitzt worden waren. Beim Zahlen an der Kasse stießen die beiden Flaschen zusammen und verursachten eine Explosion. Das Gericht bejahte ausdrücklich eine o. séc. rés. (mit Zulassung des Gegenbeweises durch die force majeure), die aufgrund ihrer allgemeinen Gültigkeit und besonderen Inhalts wegen neben der Gewährleistungsgarantie bestehe. Gleichzeitig stützt es seine Verurteilung jedoch auch auf art. 1645 CC. Das Kaufhaus habe eine faute, welche die Bösgläubigkeit bezüglich des Fehlers der Sache impliziere, begangen, da es die Sprudelflasche zu nahe an dem Beleuchtungskörper plaziert habe. Inwieweit die erwähnte o. séc. eine eigenständige Bedeutung für die Haftung des Verkäufers hat, geht daher aus dem Urteil nicht hervor[120]. Denn das Gericht weist darauf hin, daß die von der Kaufsache ausgehenden Gefahren (Schädlichkeit der Sache) ebenfalls von der Sachmängelhaftung gedeckt werden.

---

standes auf den Abkäufer über), vgl. *Ficker*, S. 118 ff., und *Lorenz*, RabelsZ 1970, 47 ff. In Richtung einer deliktischen Produzentenhaftung dagegen die jüngste Rechtsprechung (vgl. Civ. 1è, 18. 7. 1972: D. 1973, som. 39, Verschulden des Fabrikanten in der mangelhaften Herstellung einer Bremsanlage).

[117] *H. L. Mazeaud*, Leçons, Bd. 3, Nr. 993; *Lalou*, Nr. 409, *Savatier*, Bd. 1, Nr. 138; *Tunc*, Observation Rev. tr. 1962, 305.

[118] *Mazeaud-Tunc*, Bd. 2, Nr. 1406; *Josserand*, Anm. D.P. 1926, 1, 9, da die Gutgläubigkeit des berufsmäßigen Verkäufers unentschuldbar sei; die Haftung ergibt sich allein aus der Berufsstellung des Verkäufers; im Hintergrund steht auch hier die Tatsache, daß der Fehler aus dem Bereich des Schuldners herrührt. Vgl. auch dazu die oben zitierten Entscheidungen. Ebenfalls wird — ohne Begründung — eine Anwendung des art. 1150 CC (Beschränkung auf voraussehbaren Schaden) abgelehnt. Vgl. Civ. 24. 11. 1954 s. o. Gegen eine absolute Vermutung der Schlechtgläubigkeit dagegen *H. Mazeaud*, Rev. tr. 1955, 616. Zu einer Haftungsteilung kommt auch die Cour de Cassation, wenn zusätzlich eine faute des Käufers vorliegt (Civ. 1è, 20. 10. 1964: Gaz. Pal. 1964, 2, 420).

[119] Paris 14. 12. 1961: J.C.P. 1962, 2, 12547, Anm. *Savatier*.

[120] Ebenfalls nicht eindeutig aus Paris 18. 12. 1957: S. 1957, 105, J.C.P. 1957, 2, Nr. 9944, Anm. *Esmein*, bestätigt durch Civ. 2è, 5. 5. 1959: J.C.P. 1959, 2, 11159 trotz Hinweises auf o. séc. rés.; Im betreffenden Fall hatte eine Friseurkundin infolge eines chemischen Mittels („Cadoricin") einen Hautausschlag erlitten. In Frage stand die Haftung des Friseurs und die des Herstellers.

Die vom Gericht angenommene o. séc. rés. des Friseurs gegenüber seiner Kundin kann ohne weiteres dem schon oft von der Rechtsprechung entwickelten Grundsatz unterworfen werden, daß der Schuldner bei Dienstleistungen für die Fehlerhaftigkeit der bei der Vertragserfüllung benutzten Mittel und Gegenstände i. S. einer o. séc. rés. einzustehen hat.

Die Haftung des Herstellers jedoch wird ausdrücklich mit der Verletzung einer Hinweispflicht (vgl. dazu unten) begründet.

Daher wird auch offen zugegeben, daß sich beim Kaufvertrag eine solche o. séc. rés. nicht von der Gewährleistungsgarantie entsprechend der restriktiven Auslegung des art. 1645 CC unterscheidet, deren Regeln sie sowieso unterworfen wird[121]. Vielmehr wird hier eine von der Rechtsprechung zuvor aus praktischen und rechtspolitischen Gründen gefundene Lösung zusätzlich theoretisch untermauert. Der in der Rechtsparömie von der peritia artis zum Ausdruck gebrachte Gedanke wird im Interesse eines besseren Schutzes des Käufers, verbunden mit einer gerechteren Schadensordnung, zur Rechtspflicht gemacht. Denn eine vom Verschulden unabhängige Garantiehaftung des gewerbsmäßigen Verkäufers und Fabrikanten bedeutet, einstehen müssen als Berufspflichtiger, „der seinem Berufsrecht entsprechend und aus ihm heraus auch für unentdeckbare Fehler und deren Folgen haften kann und muß"[122].

Eine selbständige Bedeutung dagegen erlangt die — hier allerdings bisher nicht ausdrücklich auf den professionellen Käufer beschränkte — o. séc. in Gestalt der von der Rechtsprechung dem Verkäufer auferlegten Aufklärungs- bzw. Hinweispflicht bezüglich der besonderen Gefährlichkeit oder technischen Handhabungen der Kaufsache. Diese ist jedoch nur eine o. séc. moy., so daß der Käufer die mangelnde Sorgfalt bzw. die fahrlässige Unterlassung dieser Aufklärungspflicht nachweisen muß[123]. Weiß der Verkäufer, der nicht der Hersteller ist, selbst nichts von einer besonderen Gebrauchsanweisung, so haftet er nicht[124].

Nur insoweit besteht eine Beziehung zu den Lösungen im deutschen Recht. Denn Begleitschäden infolge Mangelhaftigkeit oder Schädlichkeit der Kaufsache fallen grundsätzlich nicht unter die Sachmängelhaftung[125],

---

[121] *Mazeaud*, Leçons, Nr. 993: "A l'obligation de garantie contre les vices cachées s'ajoute aujourd'hui à la charge du vendeur une autre obligation. très proche de cette garantie, l'obligation de sécurité. *En réalité, l'obligation de sécurité mise à la charge du vendeur se confond, au moins le plus souvent, avec la garantie contre les vices cachés.* Celle-ci s'étend, en effet, à la responsabilité des accidents causés par le vice de la chose; ce qui constitue une obligation de sécurité, *mais soumise aux règles de la garantie"*; ebenso *Mazeaud-Tunc*, Bd. 2, Nr. 1406; *Lacombe*, S. 265; *H. L. Mazeaud*, Rev. tr. 1955, 612.

[122] *Ficker*, S. 9; § 463 BGB (analog) als Ausgangspunkt.

[123] *Mazeaud*, Leçons, Nr. 993; *Mazeaud - Tunc*, Bd. 1, Nr. 160; Req. 5. 5. 1924: D.H. 1924, 433 (mangelnde Unterrichtung beim Kauf einer Patrone); Douai 4. 6. 1954: D. 1954, J, 708 (mangelnde Unterrichtung bei der Montage einer Gemüsemischmaschine); Paris 13. 12. 1954: D. 1955, J, 96 (mangelnder Hinweis für den Gebrauch eines Haarfärbemittels); Civ. 5. 5. 1959 s. o.: "le fabricant d'un produit destiné à être utilisé dans les salons de coiffure, et qui peut prévoir que sa lotion comporte des dangers, est tenu d'avertir sa clientèle, et, d'attirer son attention sur les risques de l'application et ses conséquences allergiques." Com. 25. 11. 1963: D. 1964, 106 (mangelnder Hinweis auf Explosivstoffe in der Farbe).

[124] Com. 4. 12. 1950: Bull. cass. 1950, 2, 261; *Mazeaud - Tunc,*, Bd. 2, Nr. 1406.

[125] Außer wenn der verkauften Sache z. Z. des Kaufes eine zugesicherte Eigenschaft fehlt oder der Verkäufer einen Fehler arglistig verschwiegen bzw. eine günstigere Eigenschaft vorgespiegelt hat (§ 463 BGB); vgl. *Larenz*, Bd. 2

sondern werden ebenfalls von der Haftung für positive Vertragsverletzung bzw. c. i. c. erfaßt. Dabei wird eine Beweislastumkehr hinsichtlich des Verschuldens von der Rechtsprechung bejaht, auch wenn mit dem verletzten Kaufvertrag im Einzelfall oder seiner Natur nach keine besondere Betreuungs- oder Sorgfaltspflicht verbunden ist[126]. Denn zum, Gefahrenkreis des Schuldners (Verkäufers) gehören auch die Fälle, in denen der Verkäufer eine in seinem Besitz befindliche Kaufsache dem Käufer überläßt, die dort infolge ihrer gefahrdrohenden Beschaffenheit einen Schaden anrichtet[127].

Zusammenfassung

Eine o. séc. hinsichtlich der Sicherheit in Räumen des Verkäufers wird im Gegensatz zum deutschen Recht (vertragliche Verkehrssicherungspflicht mit grundsätzlicher Beweislastumkehr) von der neueren franz. Rechtsprechung zugunsten der deliktischen Haftung abgelehnt. Daran zeigt sich, daß die franz. Gerichte nicht wie die deutsche Rechtsprechung jedem Vertragsverhältnis eine Schutz- bzw. Verhaltenspflicht i. S. eines allgemeinen Prinzips beilegen, sondern immer nur beim einzelnen Vertrag über die grundsätzliche Anerkennung einer o. séc. entscheiden.

Die durch die Kaufsache selbst verursachten Begleitschäden werden der allgemeinen Gewährleistung für Sachmängel unterstellt. Eine selbständige Bedeutung der o. séc. wird zum Teil angenommen, ist aber bis auf den Fall einer Verletzung einer besonderen Unterrichtungspflicht (o. séc. moy.) mangels eigenständiger Voraussetzungen und Rechtsfolgen zu bezweifeln.

Es ist unbestreitbar, daß die Lösung im franz. Recht i. S. einer umfassenden Gewährleistungsgarantie im Gegensatz zu der nach wie vor auf dem Verschulden des Verkäufers basierende Lösung des deutschen Rechts wesentlich verbraucherfreundlicher ist. Dieses Ziel vor Augen, hat sich die franz. Rechtsprechung nicht gehindert gefühlt, selbst die

---

§ 37, II, c m. w. N.; *Erman*, Bd. I, Anm. 4 vor § 459; BGH 50, 200; *Diederichsen*, Schadenersatz und Mangelfolgeschaden, AcP 165, 155 ff.; *Schlechtriem*, Vertragsordnung, S. 292 ff., unter besonderer Berücksichtigung der Konkurrenz zur Deliktshaftung.

[126] BGH VersR 1958, 216 (Explosion einer Benzinlieferung, keine Haftung, da Ursächlichkeit der Mangelhaftigkeit des Benzins nicht nachgewiesen werden konnte); OLG Düsseldorf MDR 1964, 323 (Lieferung giftiger Fische, Haftung bejaht); vgl. auch RG 66, 289 (Lieferung giftigen Pferdefutters); RG Seuff. Arch. 63, 357 (Selterswasserfall, Lauge statt Sprudel).

[127] Vgl. *Proelss*, S. 83 m. w. N.; *Raape*, S. 233, der aus § 694 BGB bezüglich der Beweislastverteilung einen allgemeinen Grundsatz herleitet.

vom Gesetzgeber gesetzten Grundpositionen umzugestalten, während sich die deutsche Rechtsprechung meist noch vor diesem Schritt scheut[128].

3. Lösung im EKG

Die im EKG hinsichtlich dieses Komplexes zum Ausdruck gebrachte Regelung spiegelt den Kompromiß zwischen beiden Richtungen wider. Die Gleichstellung von mangelhafter Lieferung und Nichterfüllung[129] und die Gewährung von Schadensersatz im Sachmängelrecht[130] vorbehaltlich der Entlastung nach art. 74 EKG erlauben es, die von der franz. Doktrin als Teilaspekt der Fehlerfreiheitsgarantie angesehene o. séc. dieser Erfüllungsgarantie unterzuordnen[131].

Allerdings ist die vom franz. Standpunkt aus selbstverständliche Unterstellung der Haftung von Begleitschäden unter die Garantiehaftung durch die Entlastungsmöglichkeiten nach Art. 74 EKG stark eingeschränkt. Denn in diesem Punkt, an dem sich bei der Ausarbeitung des Gesetzes die Vertreter einer objektiven und einer Verschuldenshaftung[132] gegenüberstanden, scheinen sich eher letztere durchgesetzt zu haben, welche die durch die mangelhafte Sache verursachten weiterreichenden Personenschäden, insbesondere auch die Produzentenhaftung, dem nationalen Deliktsrecht zugeordnet wissen wollen[133], unbeschadet einer Garantieübernahme, da insoweit Art. 74 EKG entlasten kann. Denn obwohl das EKG den Begriff des Verschuldens entsprechend der internationalen Handelspraxis nicht kennt, ist durch die Formulierung des Art. 74 EKG, die auch für den Fall der Sachmängel gilt, eine weitgehende Annäherung an das deutsche Recht erreicht worden[134].

---

[128] So z. B. bei der Produzentenhaftung BGH 51, 91 (Hühnerpestfall) unter ausdrücklichem Verzicht auf eine Umgestaltung durch richterliche Rechtsfortbildung; vgl. dazu näher *Ficker*, S. 9 ff.; *Lorenz*, RabesZ 1970, 50; vgl. jedoch auch BGH 50, 200 (Ersatz von Mangelfolgeschaden im Rahmen vertraglicher Zusicherung) und die spezielle Problematik des § 823 BGB, die sich hierbei im deutschen Recht stellt, näher dazu *Diederichsen*, Haftung des Warenherstellers.

[129] Art. 19 EKG; die in den nationalen Rechten besonders geregelte Eviktions- und Sachmängelhaftung bilden einen Unterfall der Lieferpflicht (obligation de délivrance), d. h. eine Sache zu liefern, wie sie die Parteien vereinbart haben, vgl. *Riese*, RabelsZ 1957, 43, 54; 1965, 31 ff. Zur Nichterfüllung gehört neben der Nichterfüllung der Leistungspflichten auch die von Mitteilungs-, Sorgfalts- und Obhutspflichten, vgl. Tilling, Haftungsbefreiung und Haftungsbeschränkung im EKG, RabelsZ 1968, 258 ff.

[130] Art. 41, Abs. 2, 82, 84 - 87 EKG; vgl. *Riese*, RabelsZ 1965, 58.

[131] Vgl. *H. L. Mazeaud*, Leçons, Nr. 993.

[132] Actes I, S. 121 und 77.

[133] *Weitnauer*, Actes I, s. o.; vgl. *Riese*, RabelsZ 1965, 54, 79 ff.

[134] Art. 74 EKG: „... wenn er beweist, daß die Nichterfüllung auf Umstände (anstelle des ursprünglich strengeren Ausdrucks „obstacle") beruht, die sie nach der Absicht der Parteien beim Vertragsschluß weder in Betracht ziehen, noch zu vermeiden oder zu überwinden verpflichtet waren; in Ermangelung

Diese sehr auslegungsfähige Formel läßt sich jedoch auch unter die von der franz. Rechtsprechung als Elemente der force majeure gebrauchten Begriffe „imprévisible", „inévitable" bzw. „insurmontable" bringen, so daß die Vermutung nicht von der Hand zu weisen ist, daß die franz. Gerichte bei der Anwendung des EKGs i. S. ihrer nationalen Gerichtspraxis zu einer o. rés. kommen, die dann im Ergebnis doch zu einer objektiven Haftung des Verkäufers führt, gemildert durch den möglichen Nachweis der force majeure.

---

der Absicht der Parteien sind die Absichten zugrundezulegen, die vernünftige Personen in gleicher Lage gewöhnlich haben." Dies entspricht der Exkulpation des Schuldners durch Einhaltung der erforderlichen Sorgfalt i. S. des objektivierten und typisierten Fahrlässigkeitsmaßstabes; vgl. dazu auch *Riese, RabelsZ* 1965, 81.

Ergebnis

1. Die o. séc. ist keine statische, sondern eine ständiger Veränderung unterworfene vertragliche Pflicht, die primär als Nebenpflicht verstanden dem Richter die Möglichkeit bietet, die vertragliche Haftung zu erweitern und dadurch dem Einzelfall besser gerecht zu werden.

Die o. séc., als ein kühnes Werk der Rechtsfortbildung der franz. Rechtsprechung gefeiert, weist neben den Vorteilen einer schnellen Anpassung an die Veränderungen der Umwelt auch alle Nachteile eines solchen Gebildes auf.

Obwohl hinsichtlich der Fallgruppen weitgehend mit den positiven Vertragsverletzungen übereinstimmend, kann sie nicht wie diese einem einheitlichen Prinzip unterworfen werden. Denn weder ist sie bei allen Vertragsverhältnissen anerkannt noch untersteht sie aufgrund ihrer unterschiedlichen Elemente einem einheitlichen Haftungssystem. Aufgrund einer oft widersprüchlichen Rechtsprechung, die sich jeder theoretischen Begründung enthält und in erster Linie nur den Einzelfall vor Augen hat, ist sie ständig einer unterschiedlichen Interpretation unterworfen und in ihrer Entwicklung noch keineswegs abgeschlossen. Dem entspricht auch eine gewisse Unsicherheit in der theoretischen Begründung und Systematisierung dieser Pflicht durch die Doktrin[1].

Trotz dieser Verschiedenartigkeit lassen sich, vor allem im Anschluß an die zuvor dargestellte Rechtsprechung, gewisse Prinzipien und Grundkriterien herleiten. Die zum Teil gebrauchte Definition[2], daß eine o. séc. nur dann besteht, wenn sich der Vertrag nicht ohne Garantie der bei der Vertragserfüllung gefährdeten Partei verstehen läßt, ist nur bedingt richtig. Einerseits wird die o. séc. i. S. einer Verkehrssicherungspflicht z. B. beim Kaufvertrag überhaupt abgelehnt, andererseits wird die Sicherheit des Vertragspartners nur in den Fällen, in denen eine o. séc. rés. bejaht wird, i. S. eines Einstehenmüssens für die Schädigung garantiert.

---

[1] Die Doktrin beschränkt sich weitgehend auf die Darstellung der o. séc. an einzelnen von der Rechtsprechung entschiedenen Fallgruppen (z. B. *Mazeaud - Tunc*, Bd. 1, Nr. 141 ff.), ohne den Versuch einer Systematisierung zu machen. Gesamtdarstellungen (z. B. *Goldschmidt, Becqué, Rodière*) untersuchen die o. séc. meist nur unter einem bestimmten Blickwinkel. Die mangelnde Systematisierung mag vielleicht durch die ständig sich verändernde Materie bedingt sein, so daß die hier versuchte Einordnung selbst etwas gewagt ist.

[2] z. B. *Ficker*, S. 86.

Die Herleitung der o. séc. aus dem Vertrag erfolgt nicht aus dem meist gerade entgegengesetzten Parteiwillen, sondern aus der Interpretation seines Inhalts gemessen an seiner sozialen Funktion. Gesetzliche Grundlage dieser Einbruchstelle in das sonst auf einem strengen Konsens beruhende Vertragsrecht bietet der art. 1135 CC[3].

2. Es gibt zwei Arten einer o. séc., nämlich eine o. séc. rés. und eine o. séc. moy., die ihrerseits wieder von verschiedener Intensität sein können.

Dogmatischer Angel- und Drehpunkt der o. séc. ist die auf der Antinomie zwischen art. 1147 und art. 1137 CC beruhende Klassifizierung der Vertragspflichten in o. rés. und o. moy., die auf die o. séc. übertragen wird.

Dagegen ist die theoretische Ausgangsbasis — die Dualität zwischen deliktischer und vertraglicher Haftung, welche wegen der unterschiedlichen Beweislast ursprünglich den Grund für die Entstehung der o. séc. bot — durch die parallel von der Rechtsprechung vorgenommene Ausgestaltung der o. séc. rés. entsprechenden Sachhalterhaftung im Deliktsrecht (artt. 1384, 1385 CC) weitgehend zurückgedrängt.

3. Der Gedanke des „risque créé" ist ein Grundpfeiler der o. séc. rés.

Die o. séc. rés., die, ausgehend vom Personentransportvertrag, sich allmählich auch bei anderen Vertragsverhältnissen, bei denen sich der Schuldner Sachen zu seiner Dienstleistung zunutze macht[4], entwickelte, beruht u. a. auf dem vom Verschulden unabhängigen Gedanken der Gefährdungshaftung[5]. Obwohl im franz. Recht mehr der Billigkeitsgrund dieser Haftung betont wird[6], ist die Grundlage dieselbe. Die durch die Entwicklung der modernen Industrie hervorgerufenen Gefahren, von denen man mit nicht unerheblicher Wahrscheinlichkeit annehmen muß, daß sie auch bei Anwendung der im Verkehr erforderlichen Sorgfalt nicht voll beherrscht werden können, müssen wegen des untrennbaren Zusammenhangs zwischen Betrieb und Schadenseintritt vom Unternehmer getragen werden[7].

Hinzu kommt der Gedanke der „théorie des risques", der die o. séc. rés. zwar nicht begründet, aber mit beeinflußt hat. Derjenige, der sich infolge solcher risikobehafteter Sonderstellung einen Profit verschafft, hat auch

---

[3] Vgl. § 4, II, 1; vgl. auch die ähnliche Funktion des § 242 BGB im deutschen Recht.

[4] z. B. Skilift- und Schaustellervertrag.

[5] Vgl. die fast identische Rechtsprechung zur Haftung der Eisenbahn nach art. 1147 CC und nach § 1 RGH (§ 7, I).

[6] Vgl. *Savatier*, Le dommage et la personne.

[7] Vgl. *Rümelin*, Gründe der Schadenszurechnung, S. 46 ff.; *Esser*, Schuldrecht, § 59, I; *Weitnauer*, Versicherungsrecht 1962, 687; *Ripert*, Le régime démocratique, S. 341; *Savatier*, vers la socialisation de la responsabilité et des risques individuels, in les métamorphoses.

für die Schädigungen in seinem Unternehmen einzustehen[8]. Gleichzeitig soll im Interesse der Ordnungsfunktion des Rechts eine gerechte Schadensverteilung (auch für Zufallschäden) erreicht werden[9].

Damit steht auch ein bei der Beweislastverteilung für positive Vertragsverletzung zum Ausdruck gekommener Gedanke in unmittelbarem Zusammenhang: nämlich daß der Schuldner für diejenigen Ergebnisse aufzukommen hat, die innerhalb seiner eigenen Herrschafts-, Gefahren- und Wirkungssphäre ihren Ursprung haben[10]. Die Lehre des BGH vom Herrschafts- und Gefahrenbereich bei der positiven Vertragsverletzung mit ihrer grundsätzlich noch auf das Verschulden beschränkten Beweislastumkehr und die im Ergebnis totale Beweislastumkehr bei der Erfolgshaftung der o. séc. rés. haben den gleichen Ursprung.

4. Die Lösungen des französischen Rechts können wegen der systembedingten Unterschiede nicht auf das deutsche Recht übertragen werden, obwohl sie auf den gleichen Grundgedanken beruhen.

Es wäre verfehlt, die Lösungen hinsichtlich der Beweislastverteilung bei der o. séc. rés. auf die Beweislastverteilung bei den positiven Vertragsverletzungen übertragen zu wollen[11]. Denn während es sich bei letzterer um eine — zwar gemilderte — Verschuldenshaftung handelt, ist die o. séc. rés. doch Ausfluß einer objektiven Haftung[12]. Der Eintritt der Schädigung (Erfolg) bewirkt die Nichterfüllung. Der Schuldner kann sich nur durch den Nachweis der force majeure entlasten.

Außerdem würde eine solche Übertragung den systematischen Unterschied der beiden Rechte verkennen. Bedingt durch die im BGB konzipierte Unmöglichkeitslehre, zerfallen im deutschen Recht die Vertragspflichten in Leistungs- und sonstige Verhaltenspflichten, auf die die Unmöglichkeitsregeln allenfalls entsprechend anwendbar sind.

Im franz. Recht dagegen gibt es aufgrund des einheitlichen Prinzips der Leistungsstörungen nur Leistungspflichten im weiteren Sinne, bezüglich deren die Einstandspflicht sich je nach dem Pflichteninhalt richtet[13]. Eine Übertragung dieser Inhaltsbestimmung würde jedoch

---

[8] *Mazeaud - Tunc*, Bd. 2, Nr. 1303: "les risques doivent être contreparti du pofit";*Larenz*, Prinzipien der Schadenszurechnung JUS 1965, 373 ff.

[9] Vgl. *Esser*, Grundlage und Entwicklung der Gefährdungshaftung, S. 75 ff.; *Limpens*, in Mélanges Savatier, S. 559.

[10] *Rümelin*, Gründe der Schadenszurechnung, S. 24 ff.

[11] So *Stoll*, Beweislast, S. 539 ff.

[12] Je mehr die Entlastungsbeweise eingeschränkt werden, desto mehr nähert sich die Haftung aus vermutetem Verschulden der Gefährdungshaftung. Praktisch geht dann das eine Haftungssystem in das andere über.

[13] Die Klassifizierung nach o. moy. und o. rés. betrifft alle Vertragspflichten. Infolge ihrer besonderen rechtspolitischen Natur unterliegt die o. séc. jedoch besonderen eigengesetzlichen Kriterien.

8*

voraussetzen, den oben erwähnten Unterschied der Vertragspflichten im deutschen Recht aufzuheben und die Trennung von Schuld und Haftung zu überwinden.

Ein Vergleich ist dennoch angebracht, da sich die Unterscheidungsmerkmale der o. séc. rés. und der o. séc. moy. zum Teil mit den im deutschen Recht für die Beweislastverteilung nach Gefahrenbereichen geltenden Kriterien decken. Das mangelnde „aléa" des Pflichteninhalts kommt insoweit als vertragsspezifisches Korrelat zum Gefährdungsgedanken hinzu. Denn der Erfolg der Sicherheit des Gläubigers ist weit wahrscheinlicher, d. h. risikoärmer in dem Bereich, in dem der Schuldner die größere Einwirkungsmöglichkeit hat. Je größer das „aléa" des Sicherheitserfolges aufgrund der „participation" bzw. „rôle actif" des Gläubigers, desto geringer der Herrschaftsbereich des Schuldners. Zu dieser materiellrechtlichen Wahrscheinlichkeitsregel kommen beweisrechtliche Momente[14] hinzu, die auch im deutschen Recht neben dem prima-facie Beweis für die Beweislastverteilung angeführt werden[15]. Demgegenüber tritt das damit zusammenhängende, dem Vertragsrecht eigene Element der Verwahrung und des Vertrauensschutzes bei der Begründung der o. séc. rés. mehr in den Hintergrund, obwohl es unausgesprochen wie auch im deutschen Recht ein wesentlicher Grund für die Beweislastumkehr gerade im Vertragsrecht darstellt.

5. Die Gruppe der o. séc. rés., die die Begleitschäden von bestimmten Leistungen (Schlechtleistungen) erfaßt, entwickelt sich zu einer echten Garantiepflicht.

Bei der Bejahung der o. séc. rés. hinsichtlich der zur Vertragserfüllung gebrauchten Sachen oder Mittel[16] kommt neben der abstrakten vom Verschulden losgelösten Gefährdung des Vertragspartners das im Sachmängelrecht geltende Prinzip einer gesetzlichen Verpflichtung für den Ersatz der Begleitschäden ohne Möglichkeit eines Entlastungsbeweises hinzu. Hier erstarkt die o. séc. rés. zu einer o. gar ähnlich der Garantie für „vice caché", die allerdings zumeist von der herkömmlichen o. séc. rés., die einen eingeschränkten Gegenbeweis (force majeure, faute de la victime, faute d'un tiers) zuläßt, nicht unterschieden wird[17].

---

[14] Merkmale des „plerumque fit" und „meilleure aptitude de la preuve" (Mazeaud - Tunc, Bd. 1, Nr. 694-2).

[15] BGH NJW 1968, 2240: „diese Beweislastverteilung rechtfertigt sich daraus, daß der Gläubiger die Vorgänge im Organisations- und Gefahrenbereich nicht wie dieser überblicken kann (und deshalb Beweisschwierigkeiten hat) und daß er sich im allgemeinen darauf verläßt, daß der Gläubiger alles tun werde, um die mit einer solchen Leistung typischerweise verbundenen Gefahren fernzuhalten."

[16] Vgl. die Rechtsprechung zum Arzt-, Krankenhaus- und Gastaufnahmevertrag.

[17] Allerdings wendet die Rechtsprechung die sich hier anbietende Sachmängelhaftung ausdrücklich nicht an.

Daher rührt auch die theoretische Unsicherheit der Begründung der auf der Rechtsparönömie beruhenden Garantiehaftung des professionellen Verkäufers für Mangelfolgeschäden (art. 1645 CC) mit einer selbständigen o. séc. rés.[18].

Von der ursprünglichen, auch eine Kausalitätsvermutung beinhaltenden o. séc. rés. unterscheidet sich diese Gruppe neben dem für den Gläubiger strengeren Entlastungsbeweis (der Nachweis der force majeure ist in der Regel unerbringbar) noch durch den für den Gläubiger günstigeren vom Geschädigten geforderten Nachweis, daß der Schaden gerade auf der Fehlerhaftigkeit der Sache oder der Mittel beruht.

Entscheidend für die Bejahung einer o. séc. rés. ist die Tatsache, daß die Sicherungsschuld hier in unmittelbarem Zusammenhang mit einer substantiellen Leistung steht, die in der Regel mangels eines „aléa" einen Erfolg beinhaltet und infolgedessen auch bezüglich der Sicherungspflicht zu einer Erfolgsschuld führt. Deckungsgleich mit der Fallgruppe der sog. Begleitschäden im deutschen Recht stimmt das Ergebnis mit der Theorie[19] überein, die die Beweislastumkehr gemäß § 282 BGB nur auf solche positive Vertragsverletzungen beschränken will, die im Gegensatz zu der nur auf dem Erhaltungsinteresse beruhenden Sicherungspflicht dem Leistungsinteresse dienen bzw. in den Leistungskreis fallen. Denn hier beruht die Haftung auf dem Leistungsversprechen des Schuldners, der es übernimmt, dem Gläubiger für Schäden aus Vertragsverletzungen aufzukommen[20].

Allerdings ist es verfehlt[21], die eigentliche Schutzpflicht pauschal der o. moy. zuzuordnen, da andere Elemente (s. o.) sie in bestimmten Hinsichten zu einer o. séc. rés. werden lassen können.

6. Die Grundlage einer objektiven Vertragshaftung ohne faute findet sich bereits im CC.

---

[18] s. § 8, VII, 2.

[19] s. § 4, II, 1.

[20] In dieser auf dem Rechtsgeschäft beruhenden Einstandspflicht liegt der Unterschied im Weg (nicht im Ziel) zu der Beweislastverteilung im Delikts- und Gefährdungshaftungsrecht (vgl. *Diederichsen*, Beweislastverteilung bei Schadensersatzansprüchen aus Vertrag, Delikt und Gefährdungshaftung, KF 1966, 21; vgl. jedoch *Schlechtriem*, Vertragsordnung, S. 312, der auch bei vertraglichen Ansprüchen mehr auf die Verantwortung für den eigenen Gefahrenbereich als auf das Leistungsrisiko und die Leistungserwartung des Gläubigers (so *Stoll*, Beweislast, S. 556 ff.) als Kriterium für die Haftungsverschärfung abstellt; so jetzt auch BGH NJW 1972, 2300.
Die franz. Rechtsprechung nimmt, wie oben dargestellt, beide Elemente mit wechselnden Schwerpunkten für die Begründung einer o. séc. rés., so daß die im franz. Recht gewonnenen Lösungen nicht allgemein für die von *Stoll* (s. o.) vertretene Meinung angeführt werden können.

[21] so aber *Ohler*, S. 75.

Die stark einseitige Ausrichtung des deutschen Vertragsrechtes auf
das Verschuldensprinzip, das nur wenige Ausnahmen kennt (§§ 463,
538 BGB), und die Notwendigkeit einer Erfolgshaftung haben zu einer
Zweispurigkeit des Haftpflichtrechts[22] und zu einer Verlagerung auf das
Deliktrecht geführt.

Dagegen bot der CC in art. 1147 selbst die Grundlage zu einer objektiven Haftung im Vertragsrecht. Obwohl die herrschende Doktrin nach
wie vor mit Hilfe der auf der Wahrscheinlichkeit basierenden Verschuldensvermutung („présomption de faute") am Verschulden grundsätzlich festhält, wurde versucht nachzuweisen, daß es sich hierbei in
Wirklichkeit um eine Haftung ohne faute handelt[23].

7. Die o. séc. moy., die grundsätzlich der vertraglichen Verkehrssicherungspflicht im deutschen Recht entspricht, bringt im Verhältnis zum
Deliktsrecht für den Geschädigten bis auf die längere Verjährung keine
Besserstellung.

Die o. séc. moy. basiert auf der herkömmlichen Verschuldenshaftung,
deren Maßstab das Handeln eines „bon père de famille" bildet (art. 1137
CC). Zum Nachweis der Nichterfüllung („inexécution"), der durch den
Beweis der mangelnden Sorgfalt („faute") erbracht ist[24], muß der Geschädigte noch den Zusammenhang der Nichterfüllung mit dem Schaden
nachweisen. Ihrer Funktion und Inhalt nach stimmt sie mit der vertraglichen Verkehrssicherungspflicht im deutschen Recht überein. Derjenige, der in dem von ihm beherrschten Lebensbereich einen anderen
aufnimmt, ist verpflichtet, dafür Sorge zu tragen, daß dem anderen
nicht ein Schaden erwächst aus Vorgängen, die er infolge seiner Herrschaft über den Lebensbereich hätte verhindern können[25]. Der auch
hier zum Ausdruck kommende Gefährdungsgedanke, der im deutschen
Recht neben dem Beweisnotstand des Geschädigten letztlich auch zu der
Beweislastumkehr hinsichtlich des Verschuldens geführt hat, wird von
der überwiegenden franz. Rechtsprechung nicht als so überwiegend an-

---

[22] *Esser*, JZ 1953, 123 (Gleichberechtigtes Nebeneinander von Verschulden
auf Gefährdungshaftung).

[23] So schon *Rümelin*, Schadensersatz ohne Verschulden, S. 21, unter Hinweis auf die franz. Jurisprudenz: „... derartige Schuldfiktionen sind grundsätzlich primitiven Kulturperioden eigen. Sie tauchen in den entwickelten
Rechten noch zu Zeiten auf, in denen sich neue Haftungsgedanken mühsam
Bahn brechen und deshalb zunächst mit einer fremden Flagge decken müssen."
Vgl. *Esmein*, Le fondement, Rev. tr. 1933, 664, „caractère hibride" der Verschuldensvermutung; für eine Verschuldensvermutung aus rechtspolitischen
Gründen *Weimar* ZfV 1963, 22; im übrigen beruhen die Unterschiede zwischen
reiner Gefährdungshaftung und unwiderleglich vermuteter Verschuldenshaftung nur auf dem verschiedenen rechtstheoretischen Ausgangspunkt. Etwas
anderes würde gelten, wenn man (wie *Weimar*, s. o.) den Nachweis mangelnden
Verschuldens zulassen würde. Vgl. dazu *Zachert*, Gefährdungshaftung, S. 194.

[24] Objektive und subjektive Pflichtwidrigkeit fallen hier zusammen.

[25] Vgl. *Koepcke*, S. 80 ff.

gesehen, als daß er ebenfalls eine vertragliche Erfolgshaftung rechtfertigen würde. Die von der „rôle actif" des Geschädigten ausgehende Selbstschädigungsmöglichkeit bedingt ein zu großes Risiko hinsichtlich des Sicherungserfolges. Hinzu kommt in vielen Fällen eine „acceptation de risque" von seiten des Geschädigten. Die oft widersprüchlichen Urteile zeigen jedoch, daß diese Grenzen fließend sind und die Beurteilung oft vom Gutdünken des Richters abhängt.

Wenn man vom praktischen Nutzen der o. séc. moy. für den Geschädigten ausgeht, so ist dieser hier minimal. Die Voraussetzungen der Haftung sind die gleichen wie bei art. 1382 CC. Die verbleibenden Unterschiede zur vertraglichen Haftung sind sekundärer Natur[26]. Mit aus diesem Grund wird von der Rechtsprechung zum Teil eine solche o. séc. moy. abgelehnt (z. B. beim Kaufvertrag) und von der Doktrin eine Eindämmung dieser letztlich für den Geschädigten unvorteilhaften Haftung befürwortet[27].

Denn aufgrund des streitigen aber noch überwiegend anerkannten Prinzips des „non-cumul" kann der Gläubiger sich nur auf die o. séc. moy. berufen und muß die faute des Schuldners nachweisen, selbst wenn der Schaden von einer Sache ausgegangen ist, für die der Schuldner nach art. 1384 CC hätte einstehen müssen. Teilweise wird dieser Nachteil auch dadurch umgangen, daß man innerhalb dieser o. séc. moy. hinsichtlich des benutzten Materials eine o. séc. rés. annimmt[28]. Darin kann eine rückläufige Entwicklung zur ursprünglichen Lösung — diesmal aber im vertraglichen Bereich — erblickt werden, nachdem die Gericht zum Teil eine solche o. séc. moy. zunächst auch deswegen eingeführt hatten, um mit Hilfe des „non-cumul" der strengen Haftung des art. 1384 CC auszuweichen[29].

Ein weiterer Grund für die Einbeziehung der allgemeinen Sicherungspflicht in das vertragliche Konzept scheint — eine Begründung gibt die Rechtsprechung nicht — einmal der Wunsch zu sein, sie bei Verträgen, bei denen sich eine solche Sicherungspflicht aufdrängt, von der allgemeinen Sicherungspflicht der deliktischen Generalklausel (art. 1382 CC) abzugrenzen, zum anderen die Vertragspartner bei Fehlleistungen im Rahmen des Vertrages einheitlich dem Vertragsrecht zu unterwerfen[30].

Die o. séc., zu den vergleichbaren Tatbeständen des deutschen Rechts in Beziehung gesetzt, bietet ein gutes Beispiel dafür, wie derselbe

---

[26] Vgl. § 3, I.

[27] *Lacombe*, La responsabilité de l'exploitant de magazin; *Azard*, D. 1966, 735; *Rodière*, D. 1971, Chron. 4, 95; D. 1970, 769.

[28] z. B. beim Skiliftvertrag (§ 7, II).

[29] z. B. bei der Arzthaftung (§ 8, VI).

[30] Juris Classeur, Civ., artt. 1146 - 1155, Fasc. V, Nr. 69.

Gedanke, nämlich der Schutz der Person gegenüber ihrer technisierten Umwelt, in beiden Rechten zu ähnlichen Lösungen führt, die aber auf verschiedenen systembedingten Wegen gewonnen werden[31]. Außerdem gibt ihre Entwicklung und Ausgestaltung einen Einblick, wie das franz. Vertragsrecht das Spannungsverhältnis zwischen einer notwendig gewordenen objektiven Haftung und der herkömmlichen Verschuldenshaftung zu lösen versucht[32].

---

[31] *Boulanger*, Trav. Ass. Capitant, VI, 1952, S. 63: "... séparés par leur règles et par leur concepts, les différents droits positifs se rejoignent par leur principes, qui sont essentiels ... ; ... que l'affirmation des principes est menée avec un instinct si sûr qu'à travers les droits positifs de la même famille spirituelle, les mêmes principes apparaissent."
... et les mêmes résultats (ergänzt).

[32] Ausführlich zu dem Problem im deutschen Recht, vgl. *Kötz*, Haftung für besondere Gefahr, AcP 170, 1 ff., der hinsichtlich der Gefährdungshaftung eine Generalklausel befürwortet.

Literaturverzeichnis

A. In französischer Sprache

I. Allgemeine Werke

Aubry et *Rau:* Droit civil français, Bd. 1, 7. Aufl. (par Esmein et Ponsard); Paris 1964 (zitiert: Aubry - Rau, Bd. 1); Bd. 6, 6. Aufl. (par Esmein) Paris 1956 (zitiert: Aubry - Rau, Bd. 6)

Beudant - Lerebours - Pigeonnière: Cours de droit civil français, Bd. 8 (par Lagarde); Bd. 9 bis (par Rodière), 2. Aufl., Paris 1930 - 1948

Carbonnier: Droit civil, Bd. 2, 5. Aufl., Paris 1967 (zitiert: Carbonnier, Bd. 2); Théorie des obligations, Paris 1963 (zitiert: Carbonnier, Théorie des obligations)

Colin-Capitant: Traité de droit civil, Bd. 2 (par Juillot de la Morandière), 10. Aufl., Paris 1959 (zitiert: Colin-Capitant, Bd. 2)

Dalloz: Encyclopédie droit civil, Bd. 5 (Responsabilité, par Rodière)

Demogue: Traité des obligations, Bd. 5, Paris 1925, Bd. 6, Paris 1931 (zitiert: Demogue, Bd. 5)

Huc: Commentaire du code civil, Bd. 7 (zitiert: Huc, Commentaire)

Josserand: Cours de droit civil positif Français, Bd. 2, 3. Aufl., Paris 1939 (zitiert: Josserand, Bd. 2)

Lalou: Traité pratique de la responsabilité civile (par Azard), 6. Aufl., Paris 1962 (zitiert: Lalou)

Marty-Raynaud: Droit civil, Bd. 2, 1è vol., Paris 1962 (zitiert: Marty-Raynaud, Bd. 2)

Mazeaud, H. et *L.:* Leçons de droit civil, Bd. 2, 3. Aufl., Paris 1966; Bd. 3, 2. Aufl., Paris 1963 (zitiert: Mazeaud, Leçons, Bd. 2, Bd. 3)

— Traité théorique et pratique de la responsabilité civile délictuelle et contractuelle, Bd. 1, 4. Aufl., Paris 1949 (zitiert: Mazeaud, Responsabilité civile, Bd. 1); Bd. 1 (par Tunc), 6. Aufl., Paris 1965; Bd. 2 (par J. Mazeaud), 6. Aufl., Paris 1970; Bd. 3 (par Tunc), 5. Aufl., Paris 1958 (zitiert: Mazeaud - Tunc, Bd. 1, Bd. 5)

Planiol - Ripert: Traité pratique de droit civil français, Bd. 6, 1è vol. (par Esmein), 2. Aufl., Paris 1952 (zitiert: Planiol - Ripert (Esmein), Bd. 6)

Pothier: Traité de contrat du vente et de retraits, Bd. 3, Paris 1821

Riese-Lacour: Précis de droit aérien international, Paris 1951

Ripert: Droit maritime, Bd. 2, 4. Aufl.

Ripert - Boulanger: Traité de droit civil d'après le traité de Planiol, Bd. 2. Paris 1957 (zitiert: Ripert - Boulanger, Bd. 2)

Rodière: Droit de transport, Bd. 2, Paris 1955; Bd. 3, Paris 1960 (zitiert: Rodière, Droit de transport, Bd. 1, Bd. 3)

Savatier: Responsabilité civile, Bd. 1, 2. Aufl., Paris 1951 (zitiert: Savatier, Bd. 1)

II. Monographien, Dissertationen und Aufsätze

Amiot: Essai sur la faute contractuelle et la charge de la preuve, thèse Paris 1945 (zitiert: Amiot)

Becqué: La protection de la victime d'un dommage corporel et de ses proches dans le cadre contractuel, thèse Montpellier 1943 (zitiert: Becqeé, La protection)

Beneix: La charge de la preuve de l'éxécution en matière de responsabilité contractuelle, Rev, crit. 1938, 657

Brouillonet: Des contrats comportant une dette de sécurité, thèse Montpellier 1934

Brun, A.: Rapports et domaines de responsabilité contractuelle et délictuelle, thèse Lyon 1931 (zitiert: Brun)

Brunet: Observations critiques sur les notions d'obligation de sécurité, de fait exonératoire et de faute, Gaz. Pal. 1952, 1, doctr. S. 24 ff. (zitiert: Brunet)

Cardier: L'obligation de sécurité et la personne de créancier, Paris 1946

Chauveau: La responsabilité des transporteurs in Mélanges Ripert, Bd. 2, S. 348

Constantinesco: Inexécution et faute contractuelle en droit comparé (Droit français, allemand, anglais), Stuttgart - Brüssel 1960 (zitiert: Constantinesco)

Cornu: Le problème de la cumul de la responsabilité contractuelle et de la responsabilité délictuelle, Etudes de droit contemporain, Paris 1962 (zitiert: Cornu, La cumul)

Domat: Les lois civiles dans leur ordre naturel, Paris 1756

Deprez in Juris Classeur Civil: Artt. 1136 - 1145, fasc. II, III; artt. 1146 - 1155, fasc. II, IV, V, VI

Esmein: Le fondement de la responsabilité contractuelle, rapprochée de la responsabilité délictuelle, Rev. tr. 1933, 627 ff. (zitiert: Esmein, Le fondement)

— L'obligation et la responsabilité contractuelle, in „Le droit français au milieu de 20è siècle", Etudes offertes à G. Ripert, Bd. 2, Paris 1950 (zitiert: Esmein, Obligation et responsabilité contractuelle)

— La chute dans l'escalier, J.C.P. 1956, 1, 1321; Le transporteur et la mort, Gaz. Pal. 1959, 1, doctr. S. 65; Prendre l'argent où il est, Gaz. Pal. 1958, 2, doctr. S. 46

Frossard: La distinction des obligations de moyens et des obligations de résultat, thèse Paris 1965 (zitiert: Frossard)

Goldschmidt: L'obligation de sécurité (Etude jurisprudentielle), thèse Lyon 1947 (zitiert: Goldschmidt)

Grandmoulin: Nature délictuelle de la responsabilité pour violation des obligations contractuelles, thèse Rennes 1892

Josserand: La personne humaine dans le commerce juridique, D.H. 1932, chron. S. 4; Le contrat dirigé, D.H. 1933, chron. S. 90; L'essor moderne du concept contractuel in Recueil d'études sur les sources du droit en l'honneur de Fr. Gény, 1935, Bd. 2 (zitiert: Josserand, Recueil F. Gény, Bd. 2)

— Les transports en service intérieur et en service international à l'exclusion des transports maritimes, 2. Aufl., Paris 1926 (zitiert: Josserand, transports)

de Juglart: L'obligation de reinseignement dans le contrat, Rev. tr. 1945, 1 ff.

Lacombe: La responsabilité de l'exploitant d'un magasin à l'égard de ses clients, Rev. tr. 1963, 242 ff. (zitiert: Lacombe)

Lalou: Contrats comportant pour l'une des parties l'obligation de rendre le contractant sain et sauf, D.H. 1931, chron. S. 37

Lampert: La fonction du droit civil comparé, Bd. 1, 1933

Limpens: La théorie de la „relativité acquilienne" en droit comparé in „Mélanges Savatier" 1965, S. 576 (zitiert: Limpens, Mélanges Savatier)

Marton: Obligation de résultat et obligation de moyens, Rev. tr. 1935, 499 ff.

Marty: Le rôle du juge dans l'interprétation du contrat. Traveaux de l'Association H. Capitant, Paris 1950 (zitiert: Marty, Le rôle du juge)

Martine: L'option entre la responsabilité contractuelle et la responsabilité délictuelle, Paris 1957 (zitiert: Martine, l'option)

Mazeaud, H.: La responsabilité du vendeur-fabricant, Rev. tr. 1955, 611; Essai de classification des obligations contractuelles et extracontractuelles: obligations déterminées et obligations générales de prudence et de diligence, Rev. tr. 1933, 1 ff.

Meignié: Responsabilité et contrat, thèse Lille 1924 (zitiert: Meignié)

Mioco: La sécurité de la personne physique et la responsabilité contractuelle, Paris 1938

Rabinovitch: Les sports de montagne et le droit, Paris 1959 (zitiert: Rabinovitch)

— Ski et droit: Les engins de remontée mécanique, J.C.P. 1962, 1, 1728; J.C.P. 1965, 1, 1953

Rabut: De la notion de faute en droit privé, thèse Paris 1946

Radouant: Du cas fortuit et de la force majeure, thèse Paris 1920 (zitiert: Radouant)

Ripert: Le régime démocratique et le droit civil moderne, Paris 1936 (zitiert: Ripert, Le régime)

— La règle morale dans les obligations, 4. Aufl. Paris 1949 (zitiert: Ripert, La règle morale)

Rodière: Etude sur la dualité des régimes de responsabilité, J.C.P. 1950, 1, 861 et 686 (zitiert: Rodière, Etude sur la dualité)

— Une notion menacée, la faute ordinaire dans les contrats, Rev. tr. 1954, 201 ff.; Le régime légal de l'obligation de sécurité due par les transporteurs à leurs voyageurs, J.C.P. 1952, 1, 997; Voyageurs veillez sur vous, D. 1971, chron. 4, S. 45

Saleilles: Essai d'une théorie générale de l'obligation d'après le projet du Code Civil Allemand, Paris 1890; Les accidents du travail et la responsabilité civile, Paris 1897

Sainctelette: De la responsabilité et de la garantie, Brüssel 1894; La jurisprudence qui s'éloigne et la jurisprudence qui s'approche, Brüssel 1888

Sauzet: De la responsabilité des patrons vis-à-vis des ouvriers dans les accidents du travail, Rev. crit. 1883, 596 ff., 677 ff.

Savatier: Les méthamorphoses économiques et sociales du droit civil d'aujourd'hui, 2. Aufl., Paris 1952 (zitiert: Savatier, Les méthamorphoses); Le dommage et la personne, D. 1955, chron. S. 5 ff. (zitiert: Savatier, Le dommage)

Segur: La notion de faute contractuelle en droit civil français, thèse Bordeaux 1954 (zitiert: Segur)

Serick: La responsabilité de droit civil en droit allemand, Rev. int. dr. comp. 1955, 560 ff.

Starck: Essai d'une théorie générale de la responsabilité civile considerée en sa double fonction de garantie et de peine privée, thèse Paris 1947 (zitiert: Starck)

— Domaine et fondement de la responsabilité sans faute, Rev. tr. 1958, 475 ff.

Tunc: La distinction des obligations de résultat et des obligations de diligence, Sem. Jur. 1945, 449 ff.; Force majeure et absence de faute en matière contractuelle, Rev. tr. 1945, 235 ff.; L'obligation de sécurité du remonte-pente, Rev. tr. 1964, 305; Machine et protéction d'homme in Festgabe Oftinger, Zürich 1964

van Ryn: Responsabilité acquilienne et contrat en droit civil d'aujourd'hui, Paris 1930 (zitiert: van Ryn)

Viney: Le déclin de la responsabilité individuelle, thèse Paris 1965 (zitiert: Viney, Le déclin de la responsabilité)

Wigny: Responsabilité contractuelle et force majeure, Rev. tr. 1935, 19 ff.

B. In deutscher Sprache

I. Allgemeine Werke

Blomeyer: Allgemeines Schuldrecht, 3. Aufl., Berlin 1964 (zitiert: Blomeyer)

Ennecerus - Lehmann: Lehrbuch des Bürgerlichen Rechts, Bd. 2, 15. Aufl., Tübingen 1958 (zitiert: Ennecerus - Lehmann, Bd. 2)

Ennecerus - Nipperdey: Lehrbuch des Bürgerlichen Rechts, Bd. 1 (Allgemeiner Teil), 15. Aufl., Tübingen 1959/60 (zitiert: Ennecerus - Nipperdey)

Erman: Handkommentar zum BGB, 1. Bd. und 2. Bd., 4. Aufl., Münster 1967 (zitiert: Erman)

Esser: Schuldrecht, Bd. 1, 3. Aufl., Karlsruhe 1968 (zitiert: Esser, Schuldrecht); Allgemeiner und besonderer Teil, 2. Aufl., 1960

Ferid: Das französische Zivilrecht, Bd. 1, Berlin 1971

Kreß: Lehrbuch des Allgemeinen Schuldrechts, Bd. 1, München 1929 (zitiert: Kreß, Bd. 1)

Larenz: Schuldrecht, Bd. 1, 8. Aufl.; Bd. 2, 9. Aufl., München 1968 (zitiert: Larenz, Bd. 1, Bd. 2)

Palandt: Kurzkommentar zum BGB, 29. Aufl., München 1970 (zitiert: Palandt)

Staudinger: Recht der Schuldverhältnisse, 11. Aufl., Berlin 1961

Wussow: Das Unfallhaftpflichtrecht, 9. Aufl., Köln 1967 (zitiert: Wussow)

II. Monographien, Dissertationen und Aufsätze

Arenz: Zur Anspruchskonkurrenz bei mehreren Haftungsgründen, AcP 170, 392 ff.

von Caemmerer: Wandlungen des Deliktsrechts, Karlsruhe 1964 (zitiert: Caemmerer, Wandlungen des Deliktsrechts); Rechtsvergleichendes Handwörterbuch für das Zivil- und Handelsrecht des In- und Auslands, 3. Kap., 4. Bd., Berlin 1933

Diederichsen: Die Haftung des Warenherstellers, München 1967; Zur Beweislastverteilung bei Schadenersatzansprüchen aus Vertrag, Delikt und Gefährdungshaftung, KF 1966, 21 ff.; Schadenersatz und Mangelfolgeschaden, AcP 165, 155 ff.

Dietz: Anspruchskonkurrenz bei Vertragsverletzung und Delikt, Bonn - Köln 1934

Esser: Grundsatz und Norm in der richterlichen Fortbildung des Privatrechts, Tübingen 1956 (zitiert: Esser, Grundsatz und Norm); Grundlagen und Entwicklung der Gefährdungshaftung, München - Berlin 1941

Ferid: Das Verhältnis des Anspruchs aus unerlaubter Handlung zum Anspruch aus Vertragsverletzung im franz. und englischen Recht, Diss. München 1932

Ficker: Schadenersatzpflicht des Verkäufers in der franz. Rechtsprechung, Diss. Berlin 1962 (zitiert: Ficker)

Finger: Eisenbahngesetze, 5. Aufl., 1968

Floegel-Hartung: Straßenverkehrsrecht (Kommentar), 18. Aufl., München 1969 (zitiert: Floegel-Hartung, StVG Kommentar)

Himmelschein: Erfüllungszwang und Lehre von der Vertragsverletzung, AcP 135, 255 ff.

Hils: Die Unterscheidung zwischen der obligation de résultat und der obligation de moyens und ihre Auswirkungen auf die Verteilung der Beweislast hinsichtlich der faute bei vertraglichen Schadenersatzansprüchen wegen exécution défectueuse im franz. Recht, Diss. Stuttgart 1969 (zitiert: Hils)

Kleppe: Haftung bei Skiunfällen, Berlin 1967 (zitiert: Kleppe)

Klingmüller: Technischer Fortschritt in rechtlicher Wertung, in „Revolution der Technik, Evolution des Rechts", Festschrift für K. Oftinger, Zürich 1969

Koepcke: Typen der positiven Vertragsverletzung, Stuttgart - Berlin 1965 (zitiert: Koepcke)

Koetz: Haftung für besondere Gefahr, AcP 170, 1 ff.

Larenz: c. i. c., Verkehrssicherungspflicht und sozialer Kontakt, MDR 1954, 515 ff.; Prinzipien der Schadenszurechnung, Jus 1965, 373 ff.; Wandlungen des Vertragsbegriffs, DR 1935, 448 ff.

Lorenz: Rechtsvergleichendes zur Haftung des Warenherstellers und Lieferanten gegenüber Dritten in Festschrift für H. Nottarp, Karlsruhe 1961, S. 59 ff.; Einige rechtsvergleichende Bemerkungen zum gegenwärtigen Stand der Produktenhaftpflicht im deutschen Recht, RabelsZ 1970, 14 ff.

Less: Vom Wesen und Wert des Richterrechts, Berlin 1954

Michel: Der Gastaufnahmevertrag nach britischem, deutschem, franz., italienischem und schweizerischem Recht, München 1957

Nirk: Rechtsvergleichendes zur c. i. c., RabelsZ 1953, 310

Ohler: Obligation de Moyens und Obligation de Résultat. Beispiel der Fortentwicklung des franz. Zivilrechts durch Lehre und Rechtsprechung, Bielefeld 1971 (Schriften zum deutschen und europäischen Zivil-, Handels- und Prozeßrecht, Bd. 64 (zitiert: Ohler)

Proelss: Beweiserleichterungen im Schadenersatzprozeß, Karlsruhe 1966 (zitiert: Proelss)

Raape: Die Beweislast bei positiver Vertragsverletzung, AcP 147, 217 ff. (zitiert: Raape)

Rabel: Das Recht des Warenkaufs. Eine rechtsvergleichende Darstellung, Bd. 1, Berlin 1964 (zitiert: Rabel, Warenkauf, Bd. 1); Gesammelte Aufsätze, Bd. 1, Tübingen 1965

Raiser: Vertragsfreiheit heute, JZ 1958, 1 ff.

Riese: Entwurf zur internationalen Vereinheitlichung des Kaufrechts, RabelsZ 1957, 16 ff.; Die Haager Konferenz über die internationale Vereinheitlichung des Kaufgesetzes vom 2. - 25. 4. 1964, RabelsZ 1965, 1 ff.

Rosenberg: Die Beweislast, 5. Aufl., München - Berlin 1965 (zitiert: Rosenberg, Beweislast)

Rümelin: Gründe der Schadenszurechnung oder Stellung des BGB zur objektiven Schadenersatzpflicht, Freiburg - Leipzig 1896 (zitiert: Rümelin, Gründe der Schadenszurechnung); Schadenersatz ohne Verschulden, Tübingen 1910

Sandrock: Über Sinn und Methode zivilistischer Rechtsvergleichung, Berlin 1966

Schlechtriem: Vertragsordnung und außervertragliche Haftung, Frankfurt 1972, Arbeiten zur Rechtsvergleichung, Schriftenreihe der Gesellschaft für Rechtsvergleichung (zitiert: Schlechtriem, Vertragsordnung und außervertragliche Haftung)

Staub: Die positiven Vertragsverletzungen, 2. Aufl., Leipzig 1913

Stoll, Heinrich: Abschied von der Lehre von der positiven Vertragsverletzung, AcP 136, 257 ff.; Die Lehre von den Leistungsstörungen, Tübingen 1936 (zitiert: Stoll, Leistungsstörungen)

Stoll, Hans: Das Handeln auf eigene Gefahr. Eine rechtsvergleichende Untersuchung, Bonn 1961 (zitiert: Stoll, Handeln auf eigene Gefahr); Beweislastverteilung bei positiver Vertragsverletzung in Festschrift für F. von Hippel, Tübingen 1967, S. 167 ff. (zitiert: Stoll, Beweislastverteilung)

Wahl: Vertragsansprüche Dritter im franz. Recht, Berlin 1935 (zitiert: Wahl)

Weitnauer: Wahrscheinlichkeit und Tatsachenfeststellung, KF 1966, 3 ff.

Wieacker: Leistungshandlung und Leistungserfolg im Bürgerlichen Schuldrecht in Festschrift für H. C. Nipperdey, 1965, Bd. 1, S. 783 ff. (zitiert: Wieacker)

Thiele: Leistungsstörung und Schuldpflichtverletzung, Zur Einordnung der Schuldpflichtverletzungen in das Haftungssystem des Zivilrechts, JZ 1967, 650 f.

Tilling: Haftungsbefreiung, Haftungsbegrenzung und Freizeichnung im EKG, RabelsZ 1968, 258 ff.

Uhlenbruch: Beweisfragen im ärztlichen Haftungsprozeß, NJW 1965, 1057 ff.

Zachert: Gefährdungshaftung und Haftung aus vermutetem Verschulden im deutschen und franz. Recht, Frankfurt - Berlin 1971, Arbeiten zur Rechtsvergleichung, Schriftenreihe der Gesellschaft für Rechtsvergleichung (zitiert: Zachert)

Zweigert: Die Rechtsvergleichung im Dienste der Rechtsvereinheitlichung. Beitrag zur Rechtsforschung, Berlin - Tübingen 1950, S. 250 ff., Zeitschrift für ausländisches und internationales Privatrecht, Sonderveröffentlichung (zitiert: Zweigert, Rechtsvergleichung)

Printed by Libri Plureos GmbH
in Hamburg, Germany